Rudolf Lorenz

Der zehnte Osterfestbrief
des Athanasius von Alexandrien

Rudolf Lorenz

# Der zehnte Osterfestbrief des Athanasius von Alexandrien

Text, Übersetzung, Erläuterungen

Walter de Gruyter · Berlin · New York
1986

Beiheft zur Zeitschrift für die neutestamentliche Wissenschaft
und die Kunde der älteren Kirche

Herausgegeben von Erich Gräßer

49

Der syrische Text wird mit Erlaubnis der British Library, London, veröffentlicht

*CIP-Kurztitelaufnahme der Deutschen Bibliothek*

**Lorenz, Rudolf:**
Der zehnte Osterfestbrief des Athanasius von Alexandrien : Text, Übers.,
Erl. / Rudolf Lorenz. — Berlin ; New York : de Gruyter, 1986.
  (Beiheft zur Zeitschrift für die neutestamentliche Wissenschaft und
  die Kunde der älteren Kirche ; 49)
  ISBN 3-11-010652-3

NE: Athanasius ⟨Alexandrinus⟩: Der zehnte Osterfestbrief; Zeitschrift
für die neutestamentliche Wissenschaft und die Kunde der älteren
Kirche / Beiheft

# Vorwort

Diese Arbeit ist aus dem Wunsch entstanden, den weithin unbekannten, vollständigen Wortlaut des zehnten Osterfestbriefes von Athanasius zugänglich zu machen und zu erschließen. Für den syrischen Text
habe ich die lichtbildliche Wiedergabe des einzigen Manuskriptes (mit
freundlicher Genehmigung der British Library in London) gewählt,
obwohl man sich in die ziemlich kursive Schrift erst einlesen muß. Aber
nur so wird dem Benutzer eine Nachprüfung der Lesungen und Vor-
schläge zur Verbesserung des Textes ermöglicht. Und nur so erscheint
die zuweilen eigenwillige Punktierung des Schreibers vollständig. Der
Druck Curetons gibt (wohl wegen der typographischen Schwierigkeiten)
die Punkte nur zum Teil wieder. Dadurch wird der Leser an manchen
Stellen sich selbst überlassen, obwohl die Handschrift durch Punkte
eine Anleitung zum Verständnis bietet.

Bei der Erklärung der kalendarischen Angaben habe ich mich auf
das Notwendige beschränkt. Angesichts der technischen Sprache des
Vorberichts (auch Index, Kephalaia oder Chronicon genannt) und der
Überschriften zu den Festbriefen wird auch der moderne Leser zur
Milde gegen jenen syrischen Mönch geneigt sein, der einst an den Vorbericht geriet und auf der Rückseite des ersten Blattes unserer Handschrift (wo sein Eifer erlahmte) am Rande hinschrieb: »Brief des Athanasius. Ich, der Sünder Ja'aqob, habe diesen Brief gelesen und verstehe
nicht, was er sagt. Vergib mir«.

Den Herrn Herausgebern der »Zeitschrift für die neutestamentliche Wissenschaft und die Kunde der ältern Kirche« und dem Verlag
danke ich für die Aufnahme dieser Untersuchung in die Reihe der Bei-
hefte zur ZNW. M. Tetz habe ich auch für freundliche Literaturhinweise
zu danken.

Mainz, im Februar 1985                            Rudolf Lorenz

# Inhaltsverzeichnis

# Einleitung

Der 10. Festbrief des Athanasius[1] verdient sowohl wegen der Nachrichten, die er enthält, und seines warmen persönlichen Tones als auch wegen seines gedanklichen Gehaltes die Aufmerksamkeit der Historiker. Seine Auswertung litt freilich darunter, daß in der Erstausgabe des syrischen Textes, die W. Cureton besorgte[2], ein größeres Stück fehlt, was zu literarkritischen Hypothesen führte. M. Tetz[3] hat darauf aufmerksam gemacht, daß der fehlende Text (wie auch das im 11. Brief Vermißte) schon 1854 auf Grund eines nachträglichen Fundes veröffentlicht wurde: von H. Burgess im Anhang zu seiner Übersetzung der Festbriefe[4]. Das wurde, wie Tetz mit Recht bemerkt, von der Forschung völlig übersehen, obwohl auch der Handschriftenkatalog von Wright[5] darauf hinweist. Sogar die jüngste Arbeit über den Brief von M. Albert[6] kennt den vollständigen Text nicht, wodurch sich ihre Analysen von selbst erledigen.

Der allein auf uns gekommene syrische Text des Briefes steht in der Handschrift add. 14569 des Britischen Museums (jetzt British Library), die wohl aus dem 8. Jahrhundert stammt, auf fol. 39r (unter der Zierleiste) bis fol. 45v Zeile 7. Cureton hat das Manuskript mit Sachkenntnis entziffert und wiedergegeben, wobei er (bis auf wenige Fälle) bewußt von Textverbesserungen absah. Da während des Druckes noch Blätter auftauchten, spiegelt seine Ausgabe die damalige Unordnung in der Blattfolge wieder. A. Mai brachte in seiner Ausgabe[7] die Texte in die richtige Reihenfolge, freilich ohne Einsicht in das Manuskript zu nehmen, und änderte zuweilen die Vokalisierungspunkte, wodurch Verbalformen entstanden, die von der Handschrift abweichen.

---

[1] Der syrische Text wird mit Erlaubnis der British Library, London, veröffentlicht.

[2] The Festal Letters of Athanasius, London 1848.

[3] Artikel »Athanasius von Alexandrien«, TRE 4, S. 333–349, auf S. 344 Z. 49 ff.

[4] The Festal Epistles of S. Athanasius. LoF 41, Oxford 1854, S. 146–141. Der Übersetzer wird nur in der Vorrede des Herausgebers genannt.

[5] W. Wright, Catalogue of Syriac Manuscripts in the British Museum. Part II, 1871, ch. DXXXII S. 406.

[6] La 10e lettre festale d'Athanase d'Alexandrie. Traduction et interprétation. ParOr (6/7 (1975/6) 69–90).

[7] S. Athanasii epistolae festales. NPB 6, Rom 1853.

Die deutsche Übersetzung von F. Larsow[8] enthält viele Fehler.
Doch hatte Larsow Pionierarbeit zu leisten, und es gibt auch Fälle, wo er
gegenüber den anderen Übersetzungen das Richtige hat. Mais lateinische Übertragung[9] ist aus einer italienischen Übersetzung geflossen;
ihre stilistische Glätte ist des öfteren unzuverlässig. Dagegen ist die eng-
lische Version von Burgess eine höchst achtenswerte Leistung. Sie bringt
auch viele einleuchtende Textverbesserungen. A. Robertson[10] wieder-
holte die Übersetzung von Burgess, wozu Mrs. Payne-Smith einige
Berichtigungen beisteuerte.

Die Arbeit von Burgess (mit dem syrischen Text der bei Cureton
fehlenden Stücke) ist im westlichen Rest Deutschlands kaum aufzutrei-
ben. Deshalb dürfte die Mitteilung des vollständigen syrischen Wort-
lauts und die Vorlage einer deutschen Übersetzung gerechtfertigt sein.

---

[8]  Die Fest-Briefe des heiligen Athanasius, Leipzig-Göttigen 1852.
[9]  Auch bei Migne PG 26, 1351 ff.
[10] Select Writings and Letters of Athanasius. NPNF NS 4 (Oxford 1891), Nachdruck
     Grand Rapids 1975, S. 503 ff.

# I. Der Vorbericht und die Überschrift zum 10. Festbrief (Übersetzung und Erklärung)

*Vorbericht.* Mskr. fol. 3 recto Zeile 4 von unten bis verso Z. 8. — Cureton S. (3) Z. 8 v.u. bis S. (4) Z. 2. Griechische Rückübersetzung von E. Schwartz III, 6 und 16.

Im folgenden Jahr war der Ostersonntag am 30. Phamenoth, am 7. Tage vor den Kalenden des April (26. März), am 19. Mond: in der 11. Indiktion; Epakte XV; (Tag) der Götter VI; im Konsulat des Ursus und Polemius (= 338 n.Chr.); (im Jahr) des Statthalters Theodorus aus Heliopolis, Eparch von Ägypten. In diesem Jahr, nachdem Konstantin am 27. Pachom (= 22. Mai 337) gestorben war, kehrte Athanasius, da er die Erlaubnis erhalten hatte, aus Gallien ruhmreich zurück, am 27. Hathyr (= 23. November). In diesem Jahr wiederum, wo viel geschah, kam Antonius der Große, der Vorsteher (der Mönche) (ἡγούμενος), nach Alexandrien, und indem er nur zwei Tage dort zubrachte, erwies er sich in vielen Dingen bewundernswert und heilte viele. Am dritten Tage ging er weg, im Monat Mesori.

## Erläuterungen

*Phamenoth:* Zu den ägyptischen Monatsnamen: F. K. Ginzel, Handbuch der mathematischen und technischen Chronologie. 3 Bände, Berlin und Leipzig 1906/14, Bd. I, 200. — W. Till, Koptische Grammatik, Leipzig 1970 § 178. *19. Mond:* Luna XIX. Das ist der 19. Tag nach dem Neumond (Mondalter). — *Indiktion:* Ginzel I, 232f.; III, 148–155. — *Epakte* (ἐπακτὴ ἡμέρα): Sie nannte in Ägypten das Mondalter des 22. März und lieferte, da dieses sich jährlich änderte, ein Kennzeichen für die Festlegung des Jahres (Ginzel III, 140). — *Götter:* Dies ist zunächst eine Wochentagsbestimmung. Die Tage wurden in der Planetenwoche (s. Ginzel II, 9f. 177; III, 97f.) nach den Planetengöttern benannt. In den Ostertafeln wurden die jährlich wechselnden Wochentage (»Götter«) des 24. März durch die Ziffern 1 bis 7 angegeben (concurrentes; Sonnenepakte), was ebenfalls als Jahreskennzeichen diente. In dem obigen Text des Vorberichtes ist also der 24. März ein Freitag (Tag Nr. 6). Vgl. Ginzel II, 143. — Der Vorbericht verwendet also als astronomische Jahreskenn-

zeichen die Mondepakte und die Sonnenepakte (»Götter«). Dazu tritt
die historische Jahresbestimmung nach Indiktion, Konsuln und Präfekten Ägyptens (Statthalter: ἡγεμών, ἔπαρχος. Hierzu E. Schwartz III,
26 f.). — *Antonius:* Man übersetzt hier gewöhnlich: »Er ging am 3. Mesori
(27. Juli) weg.« Aber gemeint ist der dritte Tag nach der Ankunft des
Antonius in Alexandrien, so daß dieses Tagesdatum aus der
»Geschichte« verschwinden sollte. Ein solches wäre eher mit dem Ein-
zug verbunden worden. Aus Athanasius, Vita Antonii 71 (MPG 26,
944 a): »Als er (Antonius) wieder wegging, gaben wir ihm das Ehrengeleit« hat man geschlossen, daß Athanasius damals anwesend war. Da der
Bischof am 23. 11. 337 (27. Hathyr) aus Trier zurückgekehrt war, muß
der Besuch des Athonius im Mesori (Juli/August) des Jahres 338 stattge-
funden haben (F. Loofs, S. 1018 A. 1 der gleich zu nennenden Abhand-
lung). Da der Vorbericht öfter Ereignisse als in »diesem Jahr« geschehen
erwähnt, welche den Rahmen eines Kalenderjahres überschreiten — hier
von Mai 337 bis August 338 —, erhebt sich die Frage, nach welchem Jahr
(Konsulatsjahr, ägyptisches Jahr) er rechnet. Dazu vergleiche man die
Kontroverse zwischen E. Schwartz und F. Loofs: E. Schwartz, Zur
Geschichte des Athanasius I (1904) = Ges. Schr. III, S. 1–20. — F. Loofs,
Die chronologischen Angaben des sog. »Vorberichts« zu den Festbriefen
des Athanasius, SPAW.PH 1908, S. 1013–1022. — E. Schwartz, Zur
Geschichte des Athanasius IX (1911) 516 ff. = Ges. Schr. III, S. 325–334.

M. Tetz (Athanasius und die Vita Antonii, ZNW 73 (1982) 1–30)
hat die Datierung des Antonius-Besuches auf 338 in Frage gestellt. Er
legt ihn auf 337, als Athanasius noch abwesend war, und führt die Schilderung des Ereignisses in Vita Antonii 69–71 (abgesehen von der athanasianischen Rede in Kap. 69) auf eine Quelle des Athanasius, Serapion
von Thmuis, zurück (a.a.O. S. 23 f.). In dem »wir« redet Serapion.

Die These des Aufsatzes, daß Athanasius eine von Serapion ver-
faßte Lebensbeschreibung des Antonius benutzt habe, ist umsichtig
begründet und fördert das Verständnis der V.A. wesentlich. Zur Person
und Rolle Serapions im Jahre 337 bleiben noch offene Fragen. Tetz
(a.a.O. S. 9 f.) hat es wahrscheinlich gemacht, daß die in V.A. 82 berich-
tete Vision des Antonius im Jahre 337 stattfand und daß Serapion hier
der Gewährsmann des Athanasius ist. Antonius schaut die Verwüstung
der Kirche Alexandriens durch die Arianer zwei Jahre vor ihrem Eintreten. Das kann sich auf die Ereignisse von 339 oder 356 beziehen. Auch
wenn die Vision 337 geschah (wobei das Jahr 354 nicht völlig ausgeschlossen werden kann), geht aus dem Bericht nicht mit Sicherheit
hervor, daß Serapion damals längere Zeit als Schüler bei Antonius

weilte, also nicht Bischof gewesen sein kann: 1. Die lebhaft beschriebene Reaktion der Zuschauer auf die Vision ist nicht als Wir-Bericht abgefaßt. Das schließt zwar Augenzeugenschaft Serapions nicht aus, läßt aber ebenso auch die Kenntnis der Vision durch Erzählung zu. 2. Von diesem Gesicht abgehoben sind andere Visionen des Antonius über Vorgänge in Ägypten. Sie ereignen sich in Gegenwart von Besuchern. Hier wird Serapion genannt: Antonius erzählt ihm davon, und Serapion war Zeuge solcher Gesichte, als er auf dem »inneren Berge« war. Das kann durchaus bei anderen Gelegenheiten gewesen sein. Es soll nicht in Abrede gestellt werden, daß Serapion Schüler des Antonius war. Freilich nennt der von Alexander von Thessalonich im Jahre 332 erwähnte Vertrauensmann des Athanasius namens Serapion (Athanasius, Apol. sec. 66, S. 145, 1–8 Opitz; Tetz a.a.O. S. 11) nicht den Antonius, sondern einen Sozon als seinen Lehrer. 3. Als Serapion zum Bischof geweiht wurde, war er Vorsteher eines großen Klosters (Athanasius, ep. ad Drac, 7, MPG 25, 532 a). Wenn Serapion (Tetz a.a.O. S. 24) zwischen November 337 (Rückkehr des Athanasius) und März 339 (erneute Vertreibung) ordiniert worden ist (und zwar als Belohnung seiner Mobilisierung des Antonius 337 — was dann die Weihe doch in die Nähe des Nov. 337 rücken würde), aber 337 noch als Schüler bei Antonius weilte, fragt man sich, wann er Abt gewesen sei. Das alles zeigt, wie weit wir hier von Gewißheiten entfernt sind. Das Zeugnis von der Arianervision (wenn diese nicht überhaupt eine Fiktion ist) kann ohne Schwierigkeit auf einen Besuch des Bischofs Serapion (wie es auch im Text der V.A. heißt) zurückgeführt werden. 4. Die Wendung in V.A. 71: »wir gaben ihm das Ehrengeleit« (προεπέμπομεν αὐτόν) ist sinnvoll im Munde von Leuten, die nach Alexandrien gehören. Wenn Serapion hier spricht, rechnet er sich zu den in der Stadt Verbleibenden und nicht zu denen, die mit Antonius auf den Wüstenberg zurückkehren. Athanasius, der seine Vorlage, wie Tetz sehr schön gezeigt hat, stark überarbeitet, hat das »wir« hier stehen lassen. Nichts hindert die Annahme, daß er sich darin einschließt. Wer sollten denn sonst die »Bischöfe« sein, welche den Antonius nach Alexandrien gerufen hatten (V.A. 69, MPG 26, 941 a)? Ein Besuch des berühmten Einsiedlers im Jahre 338 war für Athanasius angesichts der erneuten Umtriebe der Eusebianer viel nötiger als im Sommer 337, wo das kaiserliche Dekret zu seinen Gunsten gerade ergangen war. 5. Das Billett an Serapion (sog. 12. Festbrief) bezeichnet den Serapion durch die Anrede συλλειτουργός (ܠܡܫܡܫ ܒ) als Bischof. Die Meinung von Achelis, daß Petrus I. von Alexandrien auch Presbyter als συλλειτουργοί (De paenit. can. 14, M. J. Routh, Reliquiae sacrae IV,

Oxford 1846, S. 44, 11. 18) bezeichne, ist doch recht fraglich (H. Achelis, Das Christentum in den ersten drei Jahrhunderten. Bd. II, Leipzig 1912, S. 16 mit A. 2). Da das Schreiben an Serapion, wie unten gezeigt werden soll, ins Jahr 336 gehört, ergibt sich eine weitere Stütze der oben vorgetragenen Ansicht (vgl. unten Teil III, 2 d).

### Die Überschrift des 10. Festbriefs

Mskr. fol. 39r Zeile 11 bis 18 (unten mit dem Text des Briefes wiedergegeben). — Cureton S. (45) Z. 10–15.

Dies ist sein zehnter (Festbrief) im Konsulat des Ursus und Polemius (= 338 n.Chr.), in den Tagen ebendesselben Theodorus, der aus Heliopolis ist und gewesener kaiserlicher Schatzmeister, des Statthalters; nach welchem Philagrius ⟨das zweite Mal⟩ (Statthalter war), in der 11. Indiktion. In diesem (Brief) ist der Ostersonntag 7 Tage vor den Kalenden des April (= 26. März), das ist am 30. Phamenoth, im Mond 18¹/₂, im 54. Jahr Diokletians (= 338 n.Chr.).

### Erklärungen

*Schatzmeister:* ܐܦܘ ܩܬܘܠܝܩܘ, ἀπὸ καθολικῶν, ex rationalibus; nicht etwa »katholischer Präfekt«, wie Mai übersetzt. Der καθολικός ist ein hoher Finanzbeamter, s. H. Heumann/E. Seckel, Handlexikon zu den Quellen des römischen Rechts, Jena 1907 (Nachdruck Graz 1971) s.v. rationalis. In der Spätzeit gab es rationales sowohl in der Finanzverwaltung des comes sacrarum largitionum (hierzu Th. Mommsen, Abriß des röm. Staatsrechts, Nachdruck Darmstadt 1974, S. 285. — H. Hübner, Der Praefectus Aegypti, München-Pasing 1952, S. 48 f.) als auch in der des kaiserlichen Kronguts (res privata). Vgl. Notitia Dignitatum, Or(ientis) XIII, 12 und XIV, 4, ed. O. Seeck, Berlin 1876, S. 36 f., und H. M. Jones, The Later Roman Empire, Oxford 1973 (= LRE), S. 1165 zu S. 412 f. Rationales in Ägypten: Brief des καθολικός Fl. Himerius bei Athanasius, Apol. sec. 85,7, S. 164,7 Opitz; G. Müller, Lexicon Athanasianum, Berlin 1952, s.v. καθολικός, Ziffer 2. Theodorus ist urkundlich als καθολικός bezeugt: s. Jones, Prosopography s.v. Theodorus 22. Grundlegend für die Erklärung der Stelle: E. Schwartz III, 18. — *Ebenderselbe:* Theodorus war also schon im Vorjahr Präfekt. Aber die Notiz schwebt in der Luft, da der 9. Brief (und damit auch eine Überschrift mit dieser Angabe) fehlt. Der Redaktor wird τοῦ αὐτοῦ Θεοδώρου aus seiner Quelle (einer Chronik) abgeschrieben haben. Auf den Widerspruch zum Vorbericht werde ich später zurückkommen. — *Philagrius:* s. Jones, Prosop. s.v. Philagrius 5. Ph. war ein Gegner des Athanasius: ep. encyclica von 339, S. 171, 26 ff. Opitz; Vorbericht Nr. 15 (für 343), Cureton S. (5) Z. 8-10. — *Das zweite Mal:* nach der Verbesserung von E. Schwartz III, 18. Der Text hat »das zweite Jahr«. — *Mond 18¹/₂:* Dieses merkwürdige Mondalter (der Vorbericht gibt 19 an) ist nicht »Genauigkeit«. E. Schwartz (Christliche und jüdische Ostertafeln, Berlin 1905, S. 18) ist der einzige, der eine Erklärung gibt: der Ostervollmond (Luna XIV — vierzehn Tage nach dem Neumond) fiel, wenn der Ostersonntag am 30. Phamenoth (26. März) das Mondalter 19 hatte, auf den 25. Phamenoth (21. März) — also vor die von Anatolius angenommene Ostergrenze des 26. Phamenoth (22. März). Indem man das Mondalter des 30. Phamenoth auf 18¹/₂ verminderte, rückte der Ostervollmond (Luna XIV) auf den 26. Phamenoth vor und verletzte die Ostergrenze nicht mehr. Über die Ostergrenze handelt Ginzel III, 222. Zu Anatolius s. Euseb v. Cäsarea, Kirchengeschichte 7, 32, 6–20, GCS 9, S. 718–26 Schwartz und RE³ 1, S. 495 f. (G. Krüger). Die TRE hat keinen Artikel Anatolius! — Den lateinischen Pseudo-Anatolius hat A. Strobel (Texte zur Geschichte des frühchristlichen Osterkalenders, S. 1–42) übersetzt und besprochen. Strobel tritt für eine ägyptisch-alexandrinische Traditionsverbundenheit des lateinischen Anatolius ein. Vgl. auch Strobel, Ursprung und Geschichte des frühchristlichen Osterkalenders, Register s. v. Anatolius. Das Interesse des Athanasius am Osterkalender geht aus seinem Brief an Epiphanius von Salamis, der in der Einleitung des Chronicon paschale (rec. L. Dindorf, Bd. I, Bonn 1832, S. 9, 7–20 = MPG 92, 76 c) zitiert wird, hervor. Dazu K. Holl, Ein Bruchstück aus einem bisher unbekannten Brief des Epiphanius, Ges. Aufsätze II, Tübingen 1928, S. 204 ff. auf S. 223 f. und A. Strobel, Ursprung u. Geschichte, S. 316 ff. — *Jahr Diokletians:* siehe Ginzel I, 229 f.

Die Beziehung zwischen Überschrift und Vorbericht zum 10. Brief kann nur durch eine Gesamtbetrachtung der Überschriften und des Vorberichts erhellt werden, wodurch Redaktionsprobleme der Sammlung ins Blickfeld treten.

# II. Redaktionsprobleme der Sammlung

## 1. Das Datierungssystem der Briefüberschriften und des Vorberichts (syrische Sammlung) als Hinweis auf Redaktionsprobleme

a) Die Briefüberschriften des syrischen Korpus zerfallen, soweit sie auf uns gekommen sind, nach ihrem Datierungssystem in zwei Gruppen. A. Die erste (Brief 1–4; 6 und 7) nennt zuerst das Tagesdatum von Ostern, und zwar zunächst das ägyptische, dann das römische. Bei Brief 6 und 7 ist noch das Mondalter hinzugefügt. Dann folgt die Jahresangabe nach der Ära Dioletians, den Konsuln, dem Präfekten Ägyptens, der Indiktion — stets in dieser Reihenfolge. B. Mit dem 10. Brief (der 8. und 9. fehlen) beginnt ein zweiter Typ. Dieser bringt zuerst die Jahresbestimmung nach Konsuln, Präfekt, Indiktion; danach das Osterdaum, wobei das römische vor dem ägyptischen steht. Zuletzt folgt die Ära Diokletians. Dieser Typ steht dem Chronikstil nahe. In der alexandrinischen Weltchronik, welche von Bauer und Strzygowski herausgegeben wurde[11], findet sich die Verbindung diokletianischer Jahre (am Rande beigeschrieben) mit Konsularfasten. Die Indiktion wird im Text gebracht[12]. Der Barbarus Scaligeri[13], welcher aus einer alexandrinischen Chronik geflossen ist, nennt öfter zuerst das römische, dann das ägyptische Tagesdatum von Ereignissen. Der Gruppe B gehören die Überschriften von ep. 10–14 (ep. 15 und 16 fehlen); 17–20 an. Bei ep. 10; 17; 18 ist wiederum zum Tagesdatum von Ostern das Mondalter hinzugesetzt. Die Überschrift des 5. Briefes, die innerhalb der Gruppe A steht, gehört dem Typ B an, hat jedoch ganz singulär außer der Angabe des Mondalters noch die Sonnenepakte (»Götter«).

Man wird aus diesem Befund schließen müssen, daß die (erhaltenen) Überschriften von zwei Händen stammen. Die vermutlich verlorene oder beschädigte Überschrift von ep. 5 innerhalb der Gruppe A ist wahrscheinlich von späterer Hand nach dem Muster von Typ B und

---

[11]  A. Bauer und J. Strzygowski, Eine alexandrinische Weltchronik. DAWW.PH 51, 1906.
[12]  A.a.O. S. 53. 55. 56.
[13]  MGH.AA IX, S. 272. 274–298 (Mommsen).

der Angaben des Vorberichts erneuert worden. Man wird also mit aller Vorsicht verschiedene Phasen des Redaktionsvorgangs annehmen.

b) Der Vorbericht beginnt mit folgender Inhaltsangabe: »Verzeichnis der Monate jedes einzelnen Jahres und der Tage und der Indiktionen und der Konsuln und der Präfekten in Alexandrien und aller Epakten und all der (Tage), welche (Tage) der Götter genannt werden, und der Ursache dafür, daß kein (Brief) abgesendet wurde, und der Rückkehr aus der Verbannung — aus den Festbriefen des Papstes Athanasius«[14].

»Aus den Festbriefen« konnte lediglich das Tagesdatum des jeweiligen Osterfestes entnommen werden. Deshalb meinte E. Schwartz, daß der Vorbericht aus Hypotheseis (Inhaltsangaben, d.h. hier chronologischen Bestimmungen), welche vor den Briefen standen und von diesen losgelöst wurden, zusammengestellt sei. Auf diese Hypotheseis gingen auch die Überschriften zurück[15].

Die Chronologie des Vorberichts hat das Grundschema: erst Angabe des Tagesdatums von Ostern, dann die Bestimmung des Jahres. Beim Tagesdatum steht immer das ägyptische voran, darauf folgt das römische Datum und das Mondalter (die ihren Platz mehrmals miteinander vertauschen). Dieses Grundschema entspricht dem Typ A der Überschriften, der jedoch angereichert ist.

Die Jahresangabe erfolgt nach Indiktion und Eponymen (Konsuln und Präfekt von Ägypten). Dazu treten astronomische Kennzeichen: Mondepakte und Sonnenepakte (Tag der »Götter«, siehe die Erläuterung in Teil I).

Die Reihenfolge spielt sich hier erst allmählich ein: die Eponymen stehen zunächst vor den astronomischen Daten (Nr. 1–3[16]). Das Verhältnis kehrt sich von Nr. 4[17] ab um: erst die astronomischen Jahreskennzeichen, dann die Eponymen, und das bleibt so bis zum Schluß, Nr. 45 für das Jahr 373[18].

Nur die Indiktion irrt noch länger umher. Sie steht zusammen mit den Eponymen (davor oder dahinter): Nr. 1; 2; 16; getrennt von ihnen durch die astronomischen Daten: Nr. 3 (hinter diesen), Nr. 6–10 (vor

[14]   Cureton S. (1) Z. 1–4.
[15]   Ges. Schr. III, S. 4 A.1; S. 18 A.2. Etwas anders IV, S. 9.
[16]   Cureton S. (1) Z. 16 bis S. (2) Z. 4. Ich nenne die Abschnitte des Vorberichts mit den Ziffern der ihnen entsprechenden Briefe.
[17]   Cureton S. (2) Z. 12 ff.
[18]   Cureton S. syr. 2 Z. 19–22 und, daran anschließend, S. (11) Z. 4 ff. v. u.

ihnen). Erst von Nr. 11 ab[19] stellt sich auch für die Indiktion eine feste
Ordnung her bis zum Schluß: Indiktion, Konsuln, Präfekt; und sie ent-
spricht dem Programm der oben übersetzten Vorrede, die also nach
Abschluß der Arbeit verfaßt wurde. Es ist (mit Ausnahme von Vor-
bericht Nr. 16) nicht die von den Überschriften durchweg eingehaltene
Folge »Konsuln, Präfekt, Indiktion«.

Da das oben dargelegte Grundschema und die Datierungsele-
mente sich gleich bleiben, ist nur mit einem Verfasser zu rechnen. Er hat
mit verschiedenen Quellen gearbeitet und schließlich eine leidliche
Ordnung in den entnommen Angaben hergestellt.

c) Da er auch für Briefe, die ihm nicht vorlagen, die Osterdaten
bringt, hat er eine Ostertafel benutzt. Dabei ist er öfter in die falsche
Spalte geraten, denn in Nr. 4; 7; 12; 34; 39; 41; 42 wird das ägyptische
Osterdatum jeweils um 10 Tage zu hoch angegeben, in Nr. 26 um 3 Tage.
Auch Irrtümer im Mondalter kommen vor. Zur Veranschaulichung der
mannigfachen Angaben, welche eine Ostertafel bot, kann die als Kreis
angeordnete Tafel des (in Alexandrien gebräuchlichen) neunzehnjähri-
gen Mondzyklus (Enneakaidekaeteris)[20] dienen, welche in Dindorfs
Ausgabe des Chronicon paschale abgebildet ist[21]. Die Konsuln konnte
der Autor aus Konsularfasten abschreiben; so behauptet der Verfasser
des Chronicon paschale, er habe neben Ostertafeln auch Konsullisten
(ὑπατάρια) herangezogen[22]. Wahrscheinlich entnahm sie aber der Vorbericht der alexandrinischen Chronik, aus welcher er seine historischen
Notizen schöpfte, und wo er auch die Präfekten fand. Die Behauptung
Peris[23], der Verfasser habe sich die historischen Nachrichten, die er nicht
in den Festbriefen fand, aus den Schriften des Athanasius zusammenge-
sucht, bedarf keiner Widerlegung.

Im Unterschied zum Datierungssystem der Briefüberschriften verwendet der Vorbericht die Ära Diokletians nicht zur Jahresbestimmung.
Sie erscheint nur zweimal anläßlich historischer Bemerkungen: Athanasius begann, nach seiner Wahl im 44. Jahre Diokletians (= 328 n.Chr.)

---

[19]  Cureton S. (4) Z. 4ff.
[20]  Ginzel, Handb. d. math. u. techn. Chronol. III, S. 134ff.
[21]  Bd. I, Bonn 1832, gegenüber S. 534. Vgl. auch die Ostertafel des orientalischen Kon-
     zils von Serdika bei E. Schwartz, Ostertafeln, S. 122, und den Artikel πασχάλιον bei
     Du Cange, Glossarium mediae et infimae graecitatis (1688), Nachdruck Graz 1958.
[22]  S. 698, 11f. Dindorf.
[23]  V. Peri, La cronologia delle lettere festali die Sant'Atanasio e la Quaresima. Aevum
     34 (1961) 28–86 auf S. 39 mit A. 45.

mit der Versendung von Festbriefen im 45. Jahr dieser Ära[24], und: der Bischof baute und weihte die Athanasiuskirche im Mendidion im 85. und 86. Jahre Diokletians (369 und 370 n. Chr.)[25]. Der Vorbericht hat also die Ära Diokletians aus der benutzten Chronik ausnahmsweise übernommen. Für die Osterdatierung gebraucht er sie überhaupt nicht.

Das Mendidion (auch Bendideion) war ein Heiligtum der von Seeleuten verehrten thrakischen Göttin Bendis — wohl kaum des unterägyptischen Gottes Mendes — in der Nähe des großen Hafenmarktes (Emporium)[26].

Wir betrachten nun das übrige »redaktionelle« Material.

2. *Die Überschriften der koptischen Sammlung. Die Lemmata der Fragmente*

a) Die koptische Sammlung[27] trägt in Kodex A die Überschrift: »Das sind die Briefe unseres Vaters Apa Athanasius, des Erzbischofs von Alexandrien, über das heilige Ostern«[28]. Soweit erhalten, folgen die einzelnen Briefüberschriften demselben Muster: »Der (oder: dies ist der) n. . .te Brief unserers Vaters, des Apa Athanasius (oder: des seligen A.), des Erzbischofs von Alexandrien über das (heilige) Ostern«. Der 43. Brief ist überschrieben: »44. (sic) Brief des seligen Athanasius«[29] die Überschrift »Eine Katechese unseres abba Athanasius«[30] gehört zu einem Stück, das in einem Lektionar stand (bohairisch). Lefort wies es dem 27. Brief zu (CSCO 150 S. XIV f. (cod. E) und S. 71–72; CSCO 151 S. 18). Es bildet aber den Anfang des 41. Briefes des »seligen Athanasius«. Diese Erkenntnis ist R. Coquin zu verdanken. Coquin entdeckte neue koptische Bruchstücke der Festbriefe (s. oben die Bibliographie), und zwar ein Stück des syrisch überlieferten 6. Briefes (entsprechend der Seite syr. 4 Z. 15 bis syr. 5 Z. 5 der Ausgabe Curetons), bisher unbekannte Teile des 39. Briefes (welche die Lücke S. 33,6 (CSCO 151) der

---

[24]　Cureton S. (1) Z. 10 und letzte Zeile.
[25]　Cureton S. syr. 1 letzte Zeile bis S. syr. 2 Z. 2. 7–8.
[26]　Vgl. A Calderini, Dizionario dei nomi geografici e topografici dell'Egitto greco-romano. Bd. I, 1, Kairo 1935, Artikel »Alexandreia«.
[27]　Ed. Th. Lefort: S. Athanase, Lettres festales et pastorales en copte, CSCO 150 (= Lefort I) und 151 (französ. Übersetzung; = Lefort II) Löwen 1955/6. — Deutsche Übersetzung: P. Merendino, Osterfestbriefe des Apa Athanasius. Düsseldorf 1956.
[28]　Lefort I S. 1 Z. 5.
[29]　Lefort I S. 67 Z. 7.
[30]　Lefort I S. 71 Z. 13.

Übersetzung Leforts vollständig, diejenige auf S. 38,27 ebenda großenteils ausfüllen), den Schluß des 40. Briefes mit der Fastenansage und einer Liste neu ernannter Bischöfe, den Anfang des 41. Briefes mit der saidischen Parallele zu dem bohairischen Stück, welches Lefort vermutungsweise zum 27. Brief gestellt hatte.

b) Severus von Antiochien († 538 n. Chr.) zitiert in seiner, nur syrisch erhaltenen Schrift »Gegen den gottlosen Grammatiker« in einem Florilegium von Beweisstellen auch aus den Festbriefen des Athanasius[31] und zwar mit der Nummer des Briefes und den Anfangsworten.

c) Griechische Fragmente bietet Kosmas Indikopleustes. Er will im 10. Buch seiner »Christlichen Topographie« (um 550 n. Chr.)[32] sein Weltbild (die Erde als Scheibe mit den darüber gebauten Stockwerken der himmlischen Wohnungen) mit der Autorität der Väter beweisen. Dazu müssen auch die Festbriefe des Athanasius herhalten. Die Lemmata nennen die Briefnummer nach dem Schema: »des Athanasius (oder »desselben«) aus dem n...ten Festbrief«. Ein Zitat aus dem »vierzigsten« Brief (MPG 26, 1440 ab = Kosmas, SC 197 S. 247) gehört, wie aus Coquins neuen Fragmenten hervorgeht, zum 41. Brief (s. Coquin OLoP 15 (1984) 135 über falsche Zählungen des koptischen Schreibers und ebd. S. 157 A. 91 zu Kosmas).

d) Aus dem großenteils koptisch erhaltenen 39. Festbrief (für 367 n. Chr.) hat das Verzeichnis des biblischen Kanons eine Sonderüberlieferung: *griechisch* in Kirchenrechtssammlungen (Lemma: »Des Heiligen (scil. Athanasius) aus dem 39. Festbrief«[33] und *syrisch* in der Handschrift add. 12168 des Britischen Museums (einer catena Patrum zum Alten und Neuen Testament) auf fol. 39b[34]. Lemma: »Darüber, wieviele und welche die Schriften sind, welche die Kirche annimmt, aus dem 39.

---

[31]  CSCO 101 (1952) S. 293, 25 ff. (J. Lebon) u. CSCO 102 (1952) S. 216, 24 ff. (lat. Übersetzung).

[32]  Ausgaben s. ClPG 2102.

[33]  S. V. M. Beneševič, Syntagma XIV Titulorum I. Petropoli 106, S. 556–59. Auch bei P. Joannou, Fonti fasc. IX Discipline générale antique, Bd. II. Grottaferrata (Rom) 1963, S. 71–76. Das Werk Joannous kann auf den Rang einer selbständigen kritischen Edition keinen Anspruch erheben (ungenügender textkritischer Apparat), die historischen Einleitungen sind unzuverlässig und enthalten grobe Schnitzer. — E. Preuschen, Analecta 2, 1909/10, S. 41–52. — St. N. Sakkos: Der 39. Festbrief Athanasius' des Großen (griechisch). Tomos heortios, Thessalonich 1974, S. 131–196. Sakkos bringt in seiner Ausgabe die koptisch erhaltenen Teile in griechischer Rückübersetzung.

[34]  Gedruckt bei Cureton, S. syr. 52 ff. Siehe Wright, Catalogue part II Nr. DCCCLII, Ziffer 3 b S. 905.

Osterbrief des hl. Athanasius, Bischofs von Alexandrien«. (Zu den neuen Fragmenten des 39. Briefs s. oben).

e) Der monophysitische Patriarch von Alexandrien, Timotheus Älurus († 477) zitiert in seiner »Widerlegung der auf der Synode zu Chalkedon festgelegten Lehre«, die wir in armenischer Übersetzung besitzen, aus den athanasianischen Festbriefen[35]. Ich gebe die Lemmata in der Übersetzung Garittes und mit seiner Zählung.

1. XLIX Eiusdem e quinta Festali a Diocletiano (leg. XLIX a Diocl.) (= 333 n.Chr.). Zitat aus dem 10. Brief. Garitte Sp. 430. — 2. Eiusdem e Festali, LIV Diocletiani (= 338 n.Chr.). Zitat aus dem 10. Brief. Garitte Sp. 431. — 3. Eiusdem (ex) XI. Festali Diocletiani LV (= 399 n.Chr. Zitat aus dem 11. Brief. Garitte sp. 482. — 4. Eiusdem e Festali XI a, LVa Diocletiano (= 339 n.Chr.) Zitat aus dem 11. Brief. Garitte Sp. 432f. — 5. Eiusdem e III. Festali, Diocletiani XLVII (= 331 n.Chr.) Zitat aus dem 14. Brief. Garitte Sp. 433. — 6. Beati Athanasii archiepiscopi Alexandrini in Festali secunda, Diocl. XLVI (= 330 n.Chr.). Zitat aus dem 24. Brief. Garitte Sp. 434. — 7. Eiusdem e Festali XIII. Zitat aus ep. 27 (was anhand des Zitats bei Severus feststellbar ist). Garitte Sp. 435f. — 8. Eiusdem e Festali. Garitte Sp. 436. Zwei Zitate, eines entspricht einem koptischen Fragment welches Lefort dem 27. Brief zuweist (Lefort I S. 49 A. 9); das zweite findet sich in der syrischen Bearbeitung von Timotheus' Buch gegen die Synode von Chalkedon (s. E. Schwartz, Codex Vaticanus gr. 1431. ABAW.PPH 32,6 München 1927 S. 99 Nr. 19). Näheres zu diesem syrischen Werk: Wright, Catalogue 2, 639–48.

## 3. Tabelle der bezeugten Festbriefe des Athanasius

Ich fasse den Bestand in einer Tabelle zusammen. In der Spalte »Vorbericht« sind die Briefe aufgezählt, welche nach dem Vorbericht geschrieben wurden. (Er erwähnt dies nicht regelmäßig, verzeichnet aber die »nicht geschriebenen«.) Die übrigen Spalten nennen die noch vorhandenen Briefe (nach der überlieferten Zählung) und die Fragmente mit der Ziffer des Briefes, dem sie nach dem Lemma oder nach anderen Kriterien zuzuweisen sind. Die Fragezeichen beim Kopten sind aus Lefort übernommen.

Eine systematische Durchforschung der dogmatischen Florilegien würde die Zahl der Fragmente gewiß noch vermehren.

---

[35] G. Garitte, Les citations arméniennes des lettres festales de s. Athanase. Hand Am 10/12 (1961) 425–440.

G. Bickell[35a] wies auf ein Festbrieffragment im 13. Brief des Jakob von Edessa († 708 n. Chr.) an den Presbyter Johannes Stylites hin. Dieser Brief wurde von W. Wright[35b] aus dem Manuskript add. 12172 des Britischen Museums herausgegeben. Jakob beantwortet 18 Fragen des Johannes. Die zweite[35c] lautete: Ist es wahr, daß es keine Schrift und keine Buchstaben vor Mose gab? Jakob antwortet, daß dies zwar von Athanasius behauptet wurde, daß dieser aber trotz seines berechtigten Ansehens doch ein Mensch und als solcher dem Irrtum unterworfen war. Athanasius habe wegen der Häretiker, die sich auf gefälschte Schriften beriefen, den Gebrauch apokrypher Schriften, auch des Buches Henoch, unterbinden wollen, »indem er in einem seiner Festbriefe sagte: Woher haben sie das Buch Henoch, da es nicht einmal Schrift und Buchstaben vor der Sintflut gab? Dies ist das Wort, welches dieser Heilige übereilt gesagt hat.« Das bezieht sich zweifellos auf den 39. Festbrief, wo es heißt: »Wer hat die Einfältigen glauben lassen, daß jene Bücher die des Henoch sind, da es keine Schrift vor Mose gab? *Woher* wird man sagen, daß die apokryphen Bücher von Jesaja sind?«[35d]. Jakob gibt die Äußerung nur sinngemäß wieder, obwohl er den Anschein eines wörtlichen Zitats erweckt.

## Tabelle der Festbriefe des Athanasius

(Syrische Sammlung (= Cureton); Kopt. Samml. (= Lefort; Coquin I u. II): siehe Bibliographie. Timotheus Älurus: siehe Anm. 35, Severus s. Anm. 31. Kosmas s. MPG 26 u. SCh 197.)

| lfd. Nr. | Für das Jahr | Oster-sonntag | Vor-bericht | Syrische Sammlung | Koptische Sammlung | Timotheus Älurus | Severus | Kosmas |
|---|---|---|---|---|---|---|---|---|
| 1. | 329 | 6. April | I | I | I | | | |
| 2. | 330 | 19. April | II | II | II | XXIV (secunda) | | II MPG 26, 1357 Anm. 33 |
| 3. | 331 | 11. April | III | III | | XIV (tertia) | | |
| 4. | 332 | 2. April | IV | IV | | | | |
| 5. | 333 | 15. April | V | V | | X (quinta) | | V MPG 26, 1380 Anm. 46 |
| 6. | 334 | 7. April | VI | VI | VI u. Coquin I S. 138–40 | | | VI MPG 26, 1389 An. 52 |
| 7. | 335 | 30. März | VII | VII | | | | |
| 8. | 336 | 18. April | | | | | | |
| 9. | 337 | 3. April | | | | | | |
| 10. | 338 | 26. März | X | X | | X | | |
| 11. | 339 | 15. April | XI | XI | | XI | | |
| 12. | 340 | 30. März | Billet an Presbyter | Billet an Serapion (XII) | | | | |
| 13. | 341 | 19. April | | XIII | | XXVII (tertia decima) | | |
| 14. | 342 | 11. April | | XIV | | tertia | | |
| 15. | 343 | 27. März | XV | | | | | |
| 16. | 344 | 15. April | Billet an Presbyter | | | | | |

[35a] Conspectus rei Syrorum literariae. Münster 1876, S. 52.
[35b] JSL 4. Ser. 10 (1867) 430 ff.
[35c] Bei Wright (s. vorige Anm.) S. syr. 7 Z. 8 ff. v. u.
[35d] Lefort I S. 20 Z. 12 ff.

| lfd. Nr. | Für das Jahr | Oster-sonntag | Vor-bericht | Syrische Sammlung | Koptische Sammlung | Timotheus Älurus | Severus | Kosmas |
|---|---|---|---|---|---|---|---|---|
| 17. | 345 | 7. April | Billet | Billet (XVII) | | | | |
| 18. | 346 | 30. März | Billet | Billet (XVIII) | | | | |
| 19. | 347 | 12. April | XIX | XIX | | | | |
| 20. | 348 | 3. April | XX | XX (mitten im Brief bricht die Handschrift ab) | | | | |
| 21. | 349 | 26. März | XXI | | | | | |
| 22. | 350 | 8. April | XXII | | | | | XXII MPG 26, 1432 d |
| 23. | 351 | 31. März | XXIII | | | | | |
| 24. | 352 | 19. April | XXIV | | XXIV | secunda | | XXIV MPG 26, 1433 a |
| 25. | 353 | 11. April | XXV | | XXV | | | |
| 26. | 354 | 27. März | XXVI | | XXVI | | | |
| 27. | 355 | 16. April | XXVII | | XXVII ? | tertia decima | XXVII | |
| 28. | 356 | 7. April | XXVIII | | XXVIII | | | XXVIII MPG 26, 1433 b–d |
| 29. | 357 | 23. März | | | XXIX | | XXIX | XXIX MPG 26, 1436 a |
| 30. | 358 | 12. April | | | | | | |
| 31. | 359 | 4. April | | | | | | |
| 32. | 360 | 23. April | | | | | | |
| 33. | 361 | 8. April | | | | | | |
| 34. | 362 | 31. März | XXXIV | | | | | |
| 35. | 363 | 20. April | XXXV | | | | | |
| 36. | 364 | 4. April | XXXVI | | XXXVI | | | |
| 37. | 365 | 27. April | XXXVII | | XXXVII | | | |
| 38. | 366 | 16. April | XXXVIII | | XXXVIII | | | |
| 39. | 367 | 1. April | XXXIX | | XXXIX und Coquin II S. 138–44 (dazu Sonder-überlieferung für das Kanon-Verzeichnis s.o. im Text) | | | |
| 40. | 368 | 20. April | XL | | XL und Coquin II S. 144–46 | | | |
| 41. | 369 | 12. April | XLI | | XLI und Coquin II S. 146–152 | | | XLI (falsch als XL zitiert, s. Coquin II S. 157 A. 91 MPG 26, 1440a) |
| 42. | 370 | 28. März | XLII | | XLII | | | XLII MPG 26, 1440 b |
| 43. | 371 | 17. April | XLIII | | XLIII | | | XLIII MPG 26, 1440 bc |
| 44. | 372 | 8. April | XLIV | | | | XLIV | |
| 45. | 373 Athanasius am 2. Mai (sic) gestorben. | 31. März | XLV | | | | | XLV MPG 26, 1444 cd |

## 4. Die Echtheit des 17. und 18. Briefes

Die Echtheit der in meiner Tabelle aufgeführten Briefe gilt allgemein als sicher. Doch hat St. N. Sakkos[36] den 17. und 18. Brief für gefälscht erklärt. Ich lege die beiden kurzen Schreiben in Übersetzung vor[37].

---

[36] Sakkos (s. oben Anm. 33) S. 140 ff.
[37] Eine griechische Rückübersetzung des 18. Briefes bei E. Schwartz, Ostertafeln, Berlin 1905, S. 26 f.

*17. Brief* (Cureton S. syr. 37 Z. 11 ff. v. u. Mskr. fol. 61 verso Z. 8 ff. v. u.)

Dies ist sein siebzehnter (Brief) im Konsulat des Amantius und des Albinus (345 n. Chr.), in den Tagen des Statthalters Nestorius aus Gaza, in der dritten Indiktion; der (Brief), dessen (Oster-)Sonntag sieben Tage vor den Iden des April ist, das heißt am 12. Pharmuthi (7. April), im 19. Mond (= Mondalter 19), im 61. Jahr seit Diokletian (345 n. Chr.).

Athanasius den Presbytern und Diakonen in Alexandrien, den geliebten Brüdern, Gruß in Christus. Wie gewöhnlich, meine Lieben, mache ich Euch Mitteilung betreffs des Osterfestes, damit auch Ihr in den Bezirken derer, die weit entfernt sind, (es) ankündigen könnt wie gewöhnlich[38] . . . Nach diesem gegenwärtigen Fest also — ich meine aber dieses, das am 20. im Monat Pharmuthi (15. 4) stattfindet — ist der folgende Ostersonntag am 7. Tag vor den Iden des April; wie die Alexandriner[39] aber sagen, am 12. Pharmuthi (7. April). So also gebt es in diesen Bezirken bekannt: Ostersonntag 7 Tage vor den Iden des Arpil, wie die Alexandriner aber sagen, am 12. Pharmuti. Ich bete, daß Ihr gesund sein möget in Christus, meine geliebten Brüder.

*18. Brief*

Dies ist sein achtzehnter (Brief) im Konsulat der Kaiser, des vierten des Konstantius und des dritten des Konstans (346 n. Chr.), in den Tagen ebendesselben Statthalters Nestorius, in der vierten Indiktion, dessen (Oster-)Sonntag drei Tage vor den Kalenden des April ist, das heißt am 4. Pharmuthi (30. März), am 21. Mond, im 62. Jahr seit Diokletian (346 n. Chr.).

Athanasius den Presbytern und Diakonen in Alexandrien, den geliebten Brüdern, Gruß im Herrn. Gut habt Ihr daran getan, werte und geliebte Brüder, daß Ihr den heiligen Ostertag in diesen Bezirken bekanntgegeben habt. Denn ich habe Eure Gewissenhaftigkeit gesehen und wahrgenommen. Durch ein anderes Schreiben nun habe ich Euch mitgeteilt, daß, wenn das jetzige Jahr[39a] vollendet ist, Ihr den, welcher danach kommt, wiederum bekanntgeben sollt. Jetzt habe ich es für notwendig gehalten, dasselbe zu schreiben, damit auch Ihr, wenn Ihr es in

---

[38] Hier Punkte im Manuskript (fol. 62 recto Z. 4). Textausfall?

[39] Der Plural ist gemäß Cureton S. syr. 38 Z. 2 auch hier zu lesen.

[39a] Der Vf. schreibt Ostern 345. Die Presbyter sollen ihre Bekanntgabe nach diesem Ostern machen, nicht nach Ablauf des Jahres. Das »jetzige Jahr« kann also nicht 345 sein, sondern nur das laufende Jahr des eben erwähnten verlorenen Briefes an die Presbyter. Das »jetzige Jahr« wäre also 344, einige Zeit nach ep. 17. Oder Athanasius rechnet das »jetzige Jahr« von Ostern (344) zu Ostern (345), was vielleicht die bessere Erklärung ist.

genauer Form habt, mit Sorgfalt schreiben könnt. Nachdem also das Fest, welches jetzt begangen wird, vollendet ist am 12. im Monat Pharmuthi (7. April), das heißt ⟨sieben⟩ Tage vor den Iden des April, dann wird der Ostersonntag drei Tage vor den Kalenden des April sein; wie die Alexandriner aber sagen, am 4. Pharmuthi (30. März). Nachdem also das Fest zu Ende sein wird, macht wiederum in diesen Bezirken gemäß der früheren Gewohnheit folgende Bekanntgabe: Ostersonntag drei Tage vor den Kalenden des April, das heißt gemäß den Alexandrinern, am 4. Pharmuthi. Und niemand soll in Betreff des Tages zweifeln und niemand möge streiten, indem er sagt: Ostern müßte am 27. im Monat Phamenoth sein (23. März). Denn auf der heiligen Synode fand eine Erörterung (darüber) statt, und jedermann bestätigte[40] das Datum, welches drei Tage vor die Kalenden des April fällt; ich meine aber den vierten Tag im Monat Pharmuthi (30. März); weil die Woche vor dieser viel zu früh ist[41]. Es möge also kein Streit entstehen, sondern wir sollen sein wie Menschen, welche wohlgefallen. Dies wurde auch den Römern geschrieben. Gebt also das bekannt, was ich Euch mitgeteilt habe, das heißt also das Datum, welches drei Tage vor den Kalenden des April liegt; wie die Alexandriner aber sagen, am 4. Pharmuthi. Ich bete, daß Ihr gesund seiet im Herrn, oh geliebte und werte Brüder.

Sakkos hält die Briefe wegen ihrer Verschiedenheit von den anderen Festbriefen für unecht: sie sind kurz und enthalten keine theologischen Ausführungen, sondern nur die Osterankündigung; sie beginnen mit einer persönlichen Anrede; sie tragen den Presbytern die Ansage von Ostern auf, was sonst nie geschehe; sie nennen zuerst das römische, dann das ägyptische Osterdatum und erläutern letzteres den Empfängern. Die Briefe seien eine römische Fälschung, dazu bestimmt, der universellen Osteransage des ägyptischen Patriarchen entgegenzutreten[42].

Indessen geht aus dem Wortlaut der Briefe hervor, daß sie keine Rundbriefe sind, sondern dem höheren Klerus in Alexandrien einen bestimmten Auftrag erteilen. Dazu war eine persönliche Anrede nötig, und der Inhalt des Briefes konnte sich auf den Auftrag beschränken. So

---

[40]  Lies ܐܳ܂ statt ܐܳ܂. Es handelt sich um die Synode von Serdika 343 (nach E. Schwartz 342).

[41]  Wörtlich »zuviel darunter ist«, d. h. unter der von Rom geforderten Zahl des Mondalters. Der Ostervollmond (Luna XIV) fiel 346 auf Sonnabend, den 22. März. Während in Alexandrien am folgenden Sonntag (23. März) die Osterfeier zulässig war, lehnte Rom das Mondalter XV für den Ostertag ab und beging deshalb das Fest eine Woche später, am 30. März.

[42]  Sakkos S. 140 ff.

hat Athanasius in seiner ersten Verbannung die Presbyter Alexandriens brieflich mit der Versendung seiner Festbriefe betraut[43].

Es ist richtig, daß Athanasius in seiner Osteransage nur das ägyptische Datum gibt. Aber die Nennung erst des römischen, dann des ägyptischen Osterdatums ist in Alexandrien nichts Unerhörtes. Petrus I. von Alexandrien verfuhr so, wie das Fragment seines Festbriefes von 309 n.Chr. beweist: ἐπιφωσκούσης τῆς ἁγίας κυριακῆς τῆς πρὸ τεσσάρων εἰδῶν ἀπριλίων, ἥτις ἐστὶ φαρμοῦθ πεντεκαιδεκάτη . . .[44]. Man kann schon hier in ἥτις ἐστί eine »Erklärung« sehen, wie sie dann beim Verfasser der Gruppe B der Briefüberschriften (s.o. II, 1a) wiederkehrt[45]. Für Sakkos könnte sprechen, daß Hieronymus in seiner Übersetzung der Osteransage des Theophilus von Alexandrien eine solche Erklärung für seine abendländischen Leser einschaltet: habentes quadragesimae exordium ab octava die mensis qui secundum Aegyptios vocatur Famenoth[46]. Doch liegt die Sache in unseren beiden Briefen durchaus anders. Athanasius hat die Ostertafel, welche das Konzil der Abendländer in Serdika aufstellte, vor Augen, der er hatte zustimmen müssen[47]. Sie drückte natürlich das Osterdaum auf römische Weise aus, und dieses römische Datum nennt Athanasius in seinen beiden Briefen. Es ist nur natürlich und notwendig, daß er es in die alexandrinische Datierung umsetzt — nicht etwa, weil die Empfänger nicht wüßten, was »Phamenoth« oder »Pharmuthi« sei.

Die beiden Briefe übertragen den Presbytern keineswegs die allgemeine Osteransage in Ägypten, sondern nur für »die Bezirke derer, die weit entfernt sind«. Den schwierigen Ausdruck ܐ݂ܚ݂ܪ܇ möchte Brockelmann[48] durch die Konjektur ܐ݂ܚ݂ܪ܇ (= litterae pacis) ersetzen. Aber die Versendung von Friedensbriefen für die Abgefallenen (es könnte sich nur um Arianer und Melitianer handeln) durch die alexandrinischen Presbyter und Diakonen wäre unter dem Regiment des Athanasius eine Ungeheuerlichkeit. Einleuchtender ist der Vorschlag Curetons[49], der

---

[43]  Ep. 10 Anfang. Cureton S. (46) Z. 2ff.

[44]  Frg. 14 bei M. Richard: Le florilège du cod. Vatopedi 236. Muséon 86 (1973) 249–79 auf S. 267 = Scripta Minora I, Löwen 1976, Nr. 4.

[45]  Das sieht man freilich nur am syrischen Text.

[46]  Ep. 96, 20, CSEL 55. S. 181, 3f. Hilberg. In den anderen Osterbriefen des Theophilus, ep. 98 und 100 inter ep. Hier. fehlt diese Erläuterung.

[47]  S. E. Schwartz, Ostertafeln S. 27f. Zur Ergänzung: M. Richard, Le comput pascal par Oktaétéris. Muséon 87 (1974) 307–39 auf S. 327ff. = Scripta Minora I, Nr. 21.

[48]  Lexicon syr. col. 763a.

[49]  Seite LIII seiner Ausgabe der Festbriefe.

unter Rückgriff auf das Arabische die Bedeutung »Scheichtümer« ermittelt: a district under a Shaikh. It may perhaps from the analogy of the signification mean »presbyteries«. Jedenfalls lagen sie in weiter Entfernung. Man wird an die Randgebiete Ägyptens und Libyens zu denken haben, vielleicht an Grenzkastelle, ferne Oasen und Zonen, wo schon Beduinen zelteten, vielleicht auch an Anachoretengruppen weit draußen im wüsten Lande. Dann wird es erklärlich, daß Athanasius bereits ein Jahr vorher (zu Ostern des Vorjahres) schreibt — welches Interesse hätte ein römischer Fälscher an der Erfindung einer solchen Einzelheit gehabt? — und daß er keine Fasten ansagt. Ein ausgedehntes Quadragesimalfasten war in einer Grenzgarnison oder im halbbarbarischen Lande kaum durchzusetzen. So begnügt Athanasius sich mit der Hauptsache: daß der in Serdika festgelegte Ostertermin auch »an den Enden der Welt«[50] bekanntgemacht und gefeiert werde. Und im Falle von Anachoreten war keine Fastenansage nötig — sie fasteten immer.

Es besteht kein Grund, an der Echtheit des 17. und 18. Briefes zu zweifeln[51]. Aber sie sind keine Festbriefe, sondern eine weit vorausliegende Sonderanweisung an die alexandrinischen Presbyter und Diakonen, welche auf bestimmte Gebiete begrenzt ist. Die eigentlichen Festbriefe für 345 und 346 hat Athanasius dann im Laufe des Jahres selbst geschrieben; seine Lage hatte sich dank des Rückhalts, den er an Kaiser Konstans besaß, wesentlich gebessert. Daß der Vorbericht diese Briefe nicht kennt, ist kein Gegenbeweis: er kennt auch andere, tatsächlich geschriebene Briefe nicht (siehe die Tabelle).

---

[50]　Ep. 10, Cureton S. (46) Z. 1 f.
[51]　Sakkos stützt seine These von der römischen Fälschung u. a. auch auf Ambrosius ep. 23, MPL 16, 1069 ff., die von Krusch und E. Schwartz (Ostertafeln, S. 54 f.) als Fälschung erwiesen wurde. — Des Athanasius Billett an Serapion (ep. 12) hält Sakkos ebenfalls für gefälscht, ohne weitere Gründe anzugeben, a.a.O. S. 195, vgl. S. 155–157.

# III. Ordnung und Chronologie der athanasianischen Festbriefe

## 1. Die Chronologie von Jülicher/Schwartz und die Einwände dagegen

Ehe wir nun den Redaktionsproblemen, welche das Verhältnis zwischen Briefüberschriften und Vorbericht aufwirft, nachgehen, muß gefragt werden, ob die überlieferte Ordnung der Briefe auch ihrer zeitlichen Reihenfolge entspricht.

A. Jülicher[52] hat die von E. Schwartz[53] aufgenommene These entwickelt, daß die Festbriefe des Athanasius entsprechend ihrer Fastenansage — entweder bloß für die Karwoche oder für die ganze Quadragesima — in eine frühere und eine spätere Gruppe zu scheiden seien. Die Wende zum »vierzigtägigen« Fasten habe der Aufenthalt des Bischofs in Trier (wo er diesen Brauch kennen lernte) gebracht[53a]. Jülicher sah sehr wohl, daß bei Kosmas Indikopleustes dieselbe Zählung der Briefe vorliegt wie beim Syrer: Die fehlerhafte Ordnung geht schon auf den ursprünglichen griechischen Sammler zurück. Deshalb wird die Hypothese von Jülicher/Schwartz auch nicht durch den Nachweis Leforts[54] erschüttert, daß auch die koptische Sammlung die Briefe ebenso ordnet. Lefort behauptet, diese »allgemeine« Zählung gebe auch die richtige zeitliche Abfolge der Briefe. Dabei hat er nicht beachtet, was Jülicher[55] zur historischen Situation des 3. Briefes (für 331; Ostern am 11. April) bemerkt hat. Athanasius sagt hier: »Denn obwohl wir durch jene, welche uns Schaden zufügen, abgeschlossen gehalten werden (ܣܟܝܪ), damit wir ihretwegen Euch dies (Fest) nicht bekanntgeben sollen . . .«. Er ist von seiner Gemeinde entfernt worden und gehindert, das Wort zu verkünden. Bedrängnisse lasten auf ihm, Häretiker wüten[56]. Das ist eine Exilssituation, was zum Überfluß noch durch die sehr ähnliche Schilderung seiner Lage in Trier während seines ersten Exils (im 1. Teil des 10.

---

[52] Gött. Gelehrte Anzeigen 175 (1913) 706 ff.
[53] ZNW 34 (1935) 129–137 = Ges.Schr. IV, 1–11.
[53a] Jülicher a.a.O. S. 707. — E. Schwartz IV, 3 f.
[54] Th. Lefort, Les lettres festales de S. Athanase. BAB.L 39 (1053) 643–656 auf S. 649 f.
[55] A.a.O. S. 706.
[56] Ep. 3, Cureton S. (26) Z. 9 f. Z. 8 v.u.; S. (30) Z. 4 ff. v.u.; S. (31) Z. 7.

Briefes) bestätigt wird. Der 3. Brief kann also nicht Ende 330 oder Anfang 331, wo Athanasius sich in Alexandrien befand, abgefaßt sein[57]. Wenn der Vorbericht zu ep. 3 behauptet, der Brief sei auf der Rückreise vom Hofe Konstantins geschrieben, so ist das falsch. Die Notiz trifft (im Groben) nur für das folgende Jahr und den 4. Brief zu, wie aus dessen Nachschrift hervorgeht[58]. Das Osterdatum des 3. Briefes (11. April) kehrt 342 und 353 wieder. 353 war Athanasius aber nicht verbannt, außerdem ist für dieses Jahr (in koptischen Bruchstücken, darunter der Ansage der Quadragesima) der 25. Brief erhalten. So bleibt für den 3. Brief unter den Osterdaten des 11. Aprils nur das Jahr 342 übrig, für welches der 14. Brief vorliegt. Dieser enthält keinen Hinweis auf eine Trennung von der Gemeinde und nichts, was mit der Zeit Ende 330/Anfang 331 unvereinbar wäre. Brief 14 muß deshalb anstelle des Exilsbriefes Nr. 3 auf 331 gesetzt werden und Brief 3 auf 342, ins 2. Exil. Es stellt sich nun heraus, daß der 14. Brief nicht die Quadragesima ansagt (was jedoch der »dritte« Brief tut), sondern nur das Fasten der Karwoche. Das erschüttert die Chronologie Leforts und ist eine starke Stütze für die These von Jülicher und Schwartz[59].

Das stärkste Argument Leforts gegen E. Schwartz besteht darin, daß mehrfach das Jahr, welches die neue Chronologie einem Briefe zuweist, durch einen bei Kosmas zitierten oder koptisch erhaltenen Brief besetzt ist. So beim 6. Brief (Ostern am 7. April, was auf 334; 345; 356 zutrifft), den Schwartz[60] von 334 auf 356 rückt, da für 345 der 17. Brief erhalten sei. Aber wir besitzen für 356 den 28. Brief durch ein Zitat bei Kosmas und koptische Fragmente. Lefort[61] folgert daraus, daß für den 6. Brief kein anderer Platz bleibt als das traditionelle Jahr 334. Den 7. Brief (Ostern am 30. März: 335; 340; 346) legt Schwartz (IV, 6) auf 340, da 346 vom 18. Brief eingenommen sei. Lefort hält das für nicht nachprüfbar, und 340 habe Athanasius wegen seines Exils keinen Festbrief schreiben können[62]. Da jedoch oben gezeigt wurde, daß ep. 17 und 18 keine Festbriefe sind, bleiben die Jahre 345 und 346 für eine Zuweisung an Brief 6 und 7 frei. Ich möchte ep. 7 nicht auf 340 legen, da ihr ruhiger, rein homiletischer Ton nicht zur leidenschaftlichen Erregung des Atha-

---

[57] Selbst Peri (Aevum 34 (1961) S. 45–47), der Jülichers Arbeit nicht gelesen hat, kommt zum gleichen Ergebnis.

[58] Cureton S. (35) Z. 9 ff. v. u. — E. Schwartz III, 328.

[59] Zur Kritik Leforts s. M. Tetz, TRE 4, 344.

[60] Ges.Schr. IV, 7 Nr. 22.

[61] A.a.O. (s. o. Anm. 54) S. 650.

[62] Vorbericht Nr. 12, Cureton S. (4) Z. 10 v. u.

nasius in der ersten Zeit nach seiner Vertreibung im Jahre 339 paßt (vgl. die Epistula encyclica von 339).

Der 2. Festbrief hat das Osterdatum des 19. April (330; 341; 352) und wurde auf 330 datiert. Da der Brief die Quadragesimafasten ansagt, verlegte ihn E. Schwartz auf 352. Denn ins Jahr 341 gehört der 13. Brief (mit Quadragesimaansage), der aus Rom geschrieben wurde[63]. Aber auch der Brief des Jahres 352 (ep. 24) ist in einem Zitat bei Kosmas und großenteils koptisch (mit der Angabe des Quadragesimalfastens) überliefert. So sind die drei möglichen Jahre 330, 341, 352 von drei Briefen mit Ansage der Quadragesima besetzt[64]. Ist dies der Todesstoß für die Jülicher-Schwartz'sche Hypothese?

### 2. Neubegründung der Jülicher/Schwartz'schen Chronologie

Um die Quadragesima-Ansage des 24. Briefes[65] beurteilen zu können, betrachten wir die Formeln der Fastenansage des Athanasius.

### a) Ansage der Quadragesima (= Qu.)

*ep. 2:* Wir beginnen nun das Fasten der Qu. am ... Nachdem wir uns dann allmählich im Fasten geübt haben, wollen wir die *heilige* Osterwoche (d.h. das Fasten der Karwoche) beginnen am ... (Cureton S. (25) Z. 8ff. v.u.) Daten: Qu. fasten ab 9. 3. Ostern 19. 4.

*ep. 3:* Der Beginn des Fastens der Qu. ist am ... und wenn wir ... vorbereitet sind, beginnen wir die *heilige* Woche des großen Ostern am ... (Cureton S. (31) Z. 5ff. v.u.). Qu. fasten ab 1. 3. Ostern 11. 4.

*ep. 6:* Wir beginnen also das Fasten der Qu. am ... und indem wir es ausdehnen bis zum ... beginnen wir wieder in den *heiligen* Ostertagen (Cureton S. syr. 6 Z. 15ff.). Daten: Qu. fasten ab 25. 2. bis zum 31. 3. Ostern 7. 4.

*ep. 7:* Wir beginnen also das Fasten der Qu. am ... und das *heilige Fasten* des gesegneten Festes am ... (Cureton S. syr. 15 Z. 9ff.). Daten: Qu. fasten ab 17. 2. Ostern 30. 3.

*ep. 10:* Wir beginnen das Fasten der Qu. am ... das *heilige Osterfasten* aber am ... (Cureton S. (52) Z. 5f. Daten: Qu. fasten ab 13. 2. Ostern 26. 3.

---

[63]  Cureton S. syr. 27 Z. 9.
[64]  Lefort (s. o. Anm. 54) S. 649.
[65]  CSCO 150 (s. o. Anm. 27) S. 41 Z. 24 ff. Sie wird unten zitiert und übersetzt werden.

*ep. 11:* Wir beginnen das Fasten der Qu. am. . . . und nachdem wir . . . beginnen wir das *heilige* Ostern (d.h. das Fasten der Karwoche) am . . . (Cureton S. syr. 24 Z. 8ff. v. u.). Daten: Qu. fastn ab 5. 3. Ostern 15. 4.

*ep. 13:* Wir beginnen also das Fasten der Qu. am . . . und die *heilige* Osterwoche am . . . (Cureton S. syr. 32 Z. 6 f.). Daten: Qu. fasten ab 9. 3. Ostern 19. 4.

*ep. 19:* Wir beginnen das Fasten der Qu. am . . . und indem wir dies aber geziemend durchschreiten mit Fasten und Gebeten sind wir auch fähig, daß wir zu dem heiligen Tag gelangen können. Denn wer das Halten des Quadragesimafastens vernachlässigt, wie einer, der unvorsichtig und unrein in Heiligtümer eintritt, feiert Ostern nicht. Daher wollen wir uns gegenseitig erinnern und ermahnen, daß wir nicht nachlässig seien, son- dern vielmehr auch in diesen Tagen fasten, so daß *von Fasten her* Fasten uns empfangen werden und wir das Fest schön feiern. Das Fasten der Quadragesima beginnt also, wie schon gesagt, am . . ., die große Leidens- woche aber am . . . (Cureton S. syr. 46 Z. 10ff. v. u.). Daten: Qu. fasten ab 2. 3., Ostern 12. 4.

*ep. 24:* wird unten besprochen. Daten wie bei ep. 2 und 13.

*ep. 25* (koptisch): Wir werden beginnen die heilige Qu. am . . . und die große Woche des heiligen Ostern am . . . (Lefort I S. 44 Z. 1ff.) Daten: Qu. fasten ab 1. 3. Ostern 11. 4.

*ep. 26* (koptisch): Wir werden beginnen die heilige Qu. am . . . und die Woche des heiligen Ostern am . . . (Lefort I S. 45 Z. 12ff.). Daten: Qu. fasten ab 14. 2. Ostern 27. 3.

*ep. 39* (koptisch): Wir werden beginnen die heilige Qu. am . . . und die große Woche des heilbringenden Ostern am . . . Und wir werden das *hei- lige Fasten* aufgeben am . . . (Lefort I S. 21 Z. 29ff.). Daten: Qu. fasten ab 19. 2. Ostern 1. 4.

*ep. 40* (koptisch, bei Coquin OLoP 15 (1984) S. 145 und 146 = cod. copte 25 des Institut Français d'Archéol. Orientale in Kairo, fol. 7v col. a Z. 16 bis col. b Z. 3): Wir werden die heilige Quadragesima beginnen am . . . und die große Woche des Passah am . . ., wobei wir die *heiligen Fasten* beenden am . . . am späten Abend des Sonnabends. Daten: Qu. fasten ab 9. 3. Ostern am 20. April.

*ep. 42.* (koptisch): Wir werden beginnen die heilige Qu. am . . . indem wir darin ausharren im Beten und Fasten, und die große Woche des heili- gen Ostern am . . . (Lefort I S. 66 Z. 26ff.). Daten: Qu. fasten ab 15. 2. Ostern 28. 3.

Aus dieser Übersicht geht Folgendes hervor. Rechnet man die von Athanasius angegebenen Daten nach, so ergibt sich, daß die Quadragesima am 40. Tage (τεσσερακοστή) vor Karfreitag begann, wenn man nach antikem Brauch die Anfangs- und Endtage mitzählt.

Sie war eine Fastenzeit. Wenn im syrischen Text von »Fasten der Quadragesima«, im koptischen bloß von »Quadragesima« die Rede ist, so könnte darin eine Verdeutlichung durch den Syrer liegen. Sachlich besagt es keinen Unterschied. Die Formeln von ep. 6; 19; 42 beweisen, daß es sich beim Syrer wie beim Kopten um eine durchgehende Fastenzeit handelt. Auch die Epistula encyclica von 339 bezeichnet die Quadragesima als Fastenzeit[66].

Das Fasten teilt sich in zwei Abschnitte: 1. vom 40. Tage vor Karfreitag bis zur Kar- oder Osterwoche (auch »Passah«, »Ostern« genannt). In dieser Zeit wurde aber sonnabends und sonntags nicht gefastet[67]. Derselbe Brauch wird später von Ambrosius für Mailand und von Kassian für Aquitanien bezeugt[68], während in Rom sonnabends gefastet wurde. 2. Das Fasten der Karwoche von Karmontag bis Karsamstag (spät abends) einschließlich. Es lagen also zwei Ruhetage (Sonnabend und Sonntag) vor diesem zweiten Abschnitt.

Denselben Befund: Ansage der Quadragesima und der Osterwoche, beide als Fastenzeit verstanden, zeigen die Festbriefe des Theophilus (385 bis 412 n.Chr.). »Und so werden wir den Weg der bevorstehenden Fasten durchschreiten können, indem wir die Quadragesima vom 30. Tage des Monats Mechir ab beginnen und die Woche des heilbringenden Ostern am 5. Tage des Monats Pharmuthi, und die Fasten brechen . . . am Sabbatabend am 10. Pharmuthi«[69]. Ebenso Kyrill von Alexandrien (412–444): »So, ja so werden wir dem Herrn ein Fasten, das rein ist, darbringen, wobei wir mit der heiligen Quadragesima vom 15. des Montas Mechir ab beginnen, die Woche des heilbringenden Ostern aber vom 20. des Monats Phamenoth ab. Wir brechen aber das Fasten am 25. desselben Monats«[70]. Stereotyp steht bei Kyrill des Fasten als gemeinsamer Nenner über der Quadragesima und der Osterwoche.

V. Peri[71] behauptet freilich, Athanasius habe die Quadragesima als zusammenhängende Fastenzeit vor Ostern nicht gekannt und auch nicht als Neuerung in Ägypten eingeführt. Er halte vielmehr am alten

---

[66] S. 173, 12 f. Opitz.

[67] Ep. 6., Cureton S. syr. 6 Z. 12 ff. v. u.

[68] Ambrosius, De Helia et jejunio CSEL 32 S. 430. — Cassianus, coll. 21, 25. CSEL 13 S. 600.

[69] Festbrief inter ep. Hier. 98, 25, CSEL 55 S. 210, 15 ff. Hilberg.

[70] Hom. pasch. 1, MPG 77, 425 d.

[71] Aevum 34 (1961) 28–86 auf S. 70–86.

Brauch der Quadragesima fest, welche eine Zeit der Selbstverdemüti-
gung und Frömmigkeitsübung sei, wobei auch das Fasten (ohne feste
Regelung) eine Rolle spiele. Die einzige kirchlich vorgeschriebene und
zusammenhängende Osterfastenzeit sei für Athanasius das Fasten der
Karwoche.

Der italienische Gelehrte, welcher gegen E. Schwartz den
Vorwurf[72] erhebt, er habe über die Chronologie der Festbriefe geschrieben, ohne diese Briefe gelesen zu haben (der Fußtritt für den toten
Löwen), beschränkt seinen eignen philologischen Ehrgeiz auf den Text
der lateinischen Afterübersetzung Mais. Dieses wankende Fundament
bringt seine Beweise zum Einsturz.

Obwohl die oben angeführten Quadragesimaansagen bereits zur
Widerlegung genügen, weise ich auf Folgendes hin. 1. Die doppelte Aus-
drucksweise quadragesimale jejunium (ep. 13, 8 Mai) und quadragesimae
observantia (ep. 19, 9 Mai), welche auf eine nicht fest geregelte Stellung
des Fastens in der Quadragesima deute (Peri S. 74 ff.), existiert nur in der
Übersetzung Mais. Der Syrer hat jedesmal »Fasten der Quadragesima«.
2. Auch für den angeblichen Unterschied zwischen Quadragesima
(Fasten nach Belieben) und Karwoche (zusammenhängendes Fasten) lie-
fert Mai den Beweis: apprime his diebus (in der Quadragesima) jejune-
mus, donec, jejuniis continuatis, solemnitatis celebrationi feliciter occu-
remus (ep. 19, 9 Mai; Peri S. 78). Man vergleiche für das, was Athanasius
sagt, die obige Übersetzung der Ansageformel des 19. Briefes. 3. Peri (S.
80 A. 169) setzt die Enzyklika von 339 auf 340, so daß die dort erwähnten Fasten der Quadragesima in die Osterwoche fallen[73]. Aber diese
Chronologie Lietzmanns[74], auf welche Peri sich stützt, ist von ihrem
Urheber aufgegeben worden[75]. 4. Als Schlußstein im Beweis, daß Athanasius nur die alte alexandrinische Quadragesima-Praxis fortsetze, dient
die Quadragesimastelle bei Origenes[76]. Peri (S. 85) kümmert sich nicht
darum, daß die Stelle der Verfälschung durch den Übersetzer Rufin
mehr als verdächtig ist[77].

Wir kehren nun zu den Ansageformeln des Athanasius zurück.

---

[72] Peri S. 43 A. 49.

[73] Vgl. Ep. encycl. S. 173, 12 ff. Opitz mit der chronologischen Anmerkung. Der
Gegenbischof Gregor zog am 23. März in Alexandrien ein. Ostern 339: 15. April.
Dagegen Ostern 340: 30. März. Gregor wäre also zu Beginn der Osterwoche eingezo-
gen.

[74] ZWTh 24 (1901) 380–390.

[75] Geschichte der Alten Kirche 3, 182.

[76] Hom. in Lev. 10, 2. GCS 29 (1920), S. 445, 6–11 Baehrens.

[77] S. F. X. Funk: Die Entwicklung des Osterfastens. Kirchengeschichtliche Abhandlungen u. Untersuchungen I. Paderborn 1897, S. 241–278 auf S. 252–256.

## b) Die Formel für die Ansage des Fastens der Karwoche

*ep. 1:* Wir beginnen *das heilige Fasten* am 5. Pharmuthi (31. März), von welchem ab wir dann hinzufügen die Zahl dieser sechs heiligen und großen Tage, die ein Symbol der Erschaffung dieser Welt sind, und werden ruhen und aufhören (zu fasten) am 10. desselben Pharmuthi (5. April) am heiligen Sabbath der Woche (Cureton S. (19) Z. 9–12).

*ep. 4:* Wir beginnen am 1. Pharmuthi (27. März) und ruhen (hören auf) am 6. desselben Monats (1. April) am Abend des Sabbaths (Cureton S. [35] Z. 10f.). Vermutlich ist nach »beginnen« ein Stück Text (»das heilige Fasten« oder »das heilige Ostern«) ausgefallen. Der syrische Schreiber sprang von einem ܟ zum zweiten: ܡܢ ܡܚܪ ⟨ܚܘܡܕܐ ܡܝܥܐ⟩ ܚܣܝ ܚܩܐܙܚܡܐܬ, auch die Ergänzung: ܚܕܐܙܝ ܡܝܥܐ ܕܩܝܣܐ wäre möglich (Cureton S. (35) Z. 10f.).

*ep. 5:* Wir beginnen *das heilige Fasten* am 14. Pharmuthi (9. April) am Abend des Sabbaths und ruhen am 19. im selben Monat Pharmuthi (14. April) (Cureton S. (40) Z. 9f. v.u.). Der Text ist nicht in Ordnung. Das Fasten begann nicht am Abend des Sonnabend (die Übersetzung »am Abend der Woche« ist sinnlos), sondern endete an diesem. Die Worte »am Abend des Sabbaths« sind verstellt und gehören zu »wir ruhen«.

*ep. 14:* Wir beginnen also das heilige Osterfest am 10. Pharmuthi (5. April) und beenden die *heiligen Fasten* am 15. desselben Monats Pharmuthi (10. April) am Abend des Sabbaths (Cureton S. syr. 37 Z. 8f.).

Athanasius hebt die Heiligkeit der Osterwoche hervor. Er kann zwar auch von der »heiligen Quadragesima« sprechen[78], und dieser Sprachgebrauch hat sich in den späteren, koptisch erhaltenen Briefen und in den Festbriefen Kyrills von Alexandrien durchgesetzt[79]. Aber die sechs Fastentage der Osterwoche erinnern nicht nur an die Leidenswoche des Herrn sondern sind auch ein Sinnbild der sechs Schöpfungstage. Es sind heilige und große Tage, das »heilige Fasten«. Zu den obigen Belegen kommen noch einige (aus der Quadragesima-Ansage) für »das heilige Fasten« als Fasten der Osterwoche (ep. 7; ep. 10; ep. 25; ep. 39 siehe die Übersicht oben). Mit dem Ausdruck »das heilige Fasten« ist in den Festbriefen des Athanasius das sechstägige Fasten der Osterwoche gemeint.

---

[78] Ep. encycl., S. 173, 12 Opitz.
[79] Athanasius ist wohl mit der zunehmenden Einbürgerung des Quadragesimalfastens in Ägypten zu einem »technischen« Sprachgebrauch übergegangen.

c) Die Fastenansage des 24. Briefes

Sie lautet (Lefort I S. 41 Z. 24 ff.):

ⲈⲚⲚⲀ [ⲀⲢ]ⲬⲒⲤⲐⲀⲒ ⲘⲈⲚ Ⲛ̄Ⲛ̄ⲚⲎⲤⲦⲒⲀ ⲈⲦⲞⲨⲀⲀⲂ Ⲍ̄ⲚⲤⲞⲨⲘⲚ̄ⲦⲰⲞⲘⲦⲈ
Ⲙ̄ⲠⲀⲢⲈⲘⲌⲞⲦ, ⲀⲨⲰ ⲘⲚ̄Ⲛ̄ⲤⲀⲚ̄ⲌⲈⲂⲀⲰⲘⲀⲤ Ⲛ̄ⲦⲈⲤⲤⲈⲢⲀⲔⲞⲤⲦⲎ ⲈⲦ_
ⲞⲨⲀⲀⲂ Ⲍ̄ⲚⲤⲞⲨⲘⲚ̄ⲦⲰⲘⲎⲚ Ⲙ̄ⲠⲈⲂⲞⲦ ⲠⲀⲢⲘⲞⲨⲦⲈ, ⲀⲨⲰ ⲦⲚ̄ⲚⲀⲖⲞ
ⲈⲚⲚⲎⲤⲦⲈⲨⲈ Ⲛ̄ⲤⲞⲨⲬⲞⲨⲦⲰⲞⲘⲦⲈ Ⲙ̄ⲠⲈⲒⲈⲂⲞⲦ Ⲛ̄ⲞⲨⲰⲦ ⲈⲢⲞⲨⲌⲈ
ⲈⲘⲀⲦⲈ Ⲙ̄ⲠⲤⲀⲂⲂⲀⲦⲞⲚ'.

»Wir werden beginnen *die heiligen Fasten* am 13. Phamenoth (9. März) und nach den Wochen der heiligen Quadragesima am 18. des Monats Pharmuthi (13. April), und wir werden aufhören zu fasten am 23. desselben Monats (18. April) erst am Abend des Sabbaths«.

Folgende Beobachtungen drängen sich auf. 1. Ihrer Form nach ist diese Ansage ein Unikum in den Festbriefen des Athanasius[80]. 2. Während in allen übrigen Briefen des »Quadragesimaltyps« die Ansage der Quadragesima am Anfang steht (»wir beginnen das (oder »die«) Fasten der Quadragesima«; »wir werden beginnen die heilige Quadragesima«), ist hier nur von »heiligen Fasten« ohne nähere Bestimmung die Rede. 3. Die Quadragesima wird erst in einem Zwischensatz nachgebracht. 4. Es wird der für das Quadragesimalfasten nicht übliche, sondern der Osterwoche vorbehaltene Terminus »das heilige Fasten« verwendet. Am Anfang der Ansage wird also geredet, als würde das Fasten der Karwoche, »das heilige Fasten« bekanntgegeben. 5. Sieht man von dem Satz ab, welcher die Quadragesima in einer vom festen Formular abweichenden Weise anzeigt, so ergibt sich ein nahtloser und stilistisch einwandfreier Zusammenhang:

ⲈⲚⲚⲀ ⲀⲢⲬⲒⲤⲐⲀⲒ ⲘⲈⲚ Ⲛ̄Ⲛ̄ⲚⲎⲤⲦⲒⲀ ⲈⲦⲞⲨⲀⲀⲂ ... Ⲍ̄ⲚⲤⲞⲨⲘⲚ̄ⲦⲰⲘⲎⲚ
Ⲙ̄ⲠⲈⲂⲞⲦ ⲠⲀⲢⲘⲞⲨⲦⲈ ...

»Wir werden beginnen die heiligen Fasten am 18. des Monats Pharmuthi (13. April). Und wir werden aufhören zu fasten am 23. desselben Monats (18. April), erst am Abend des Sabbats«. Das entspricht genau der Formel in den Briefen, welche nur das einwöchige Fasten ankündigen. Daraus ist der Schluß zu ziehen, daß der 24. Brief ursprünglich nur das Fasten der Osterwoche ansagte. Die Quadragesima mit dem Datum

---

[80]   Das ist sogar Peri (s. o. Anm. 23) aufgefallen: S. 74 A. 143.

13. Phamenoth ist eine spätere Einschaltung[81]. Damit rückt der 24. Brief (Ostern 19. 4.) an die Stelle des 2. Briefes (Ostern 19. 4.) ins Jahr 330, und dieser, der die Quadragesima ansagt, ist in Wahrheit der 24. Brief von 352. Sein homiletischer Inhalt paßt durchaus in dieses für Athanasius noch ruhige Jahr. Wir erinnern uns, daß Timotheus Älurus ebenfalls den 24. Brief als zweiten zählte.

### d) Das Billett an Serapion

Der wichtigste Zeuge für die Einführung des Fastens der Quadragesima in Ägypten durch Athanasius, der kleine Brief an Serapion (ep. 12), wird von Peri[82] neu gedeutet. Das Schreiben enthält drei Punkte: 1. Serapion wird beauftragt, den von Athanasius verfaßten (offenbar beigelegten) Osterbrief an die übrigen Bischöfe zu versenden. 2. Er wird benachrichtigt, daß die aus Syrien zurückgekehrten Melitianer trotz ihrer Behauptungen nicht in die Gemeinschaft der katholischen Kirche aufgenommen wurden, was durch ein beigefügtes Schreiben aus dem palästinensischen Episkopat belegt wird. 3. Serapion wird aufgefordert, das Fasten der Quadragesima, welches in Ägypten nicht geübt wird (was den Spott der übrigen Welt hervorruft), einzuschärfen. Das hat Athanasius auch den anderen Bischöfen geschrieben.

Peri findet den hier erwähnten Osterbrief im zweiten Teil (nach der großen Lücke bei Cureton/Mai) des 10. Briefes. Das Billett an Serapion sei also 338 in Alexandrien geschrieben.

Abgesehen davon, daß man nicht einsieht, warum der Bischof von Thmuis den Osterbrief versenden soll, wenn Athanasius in Alexandrien weilt, wird die ganze Konstruktion durch den vollständigen Text des 10. Briefes zunichte gemacht.

Die zweite These Peris behauptet, der Brief verteidige die herkömmliche Ansage der Quadragesima (im oben dargelegten Verständnis Peris) und des Fastens der Osterwoche gegen die Melitianer, welche ein zeitlich verschobenes Fasten verkündigten. Es genügt, sich den Text des Briefes anzusehen. Nach der Mitteilung über die Melitianer bemerkt Athanasius abschließend: »Und soweit (ܡܟܝܠ ܗ) betreffs der Heuchler. Für eine dringende Notwendigkeit und sehr eilig habe ich aber auch

---

[81]   Ein weiteres Beispiel für Interpolationen in den koptischen Briefen sind die drei Hypostasen in ep. 36, Lefort I S. 70, 9f. Vgl. A. Laminski, Der hl. Geist als Geist Christi und Geist der Gläubigen. Leipzig 1969, S. 141f.

[82]   A.a.O. (s.o. Anm. 23) S. 53–67.

dies gehalten, Euer Ehrwürden (ܠܩܘܒܠ = εὐλάβεια) kund zu tun — denn jedem einzelnen (Bischof) habe ich dies geschrieben —, daß Du das Fasten der Quadragesima den Brüdern (den Gemeindegliedern) verkündest und sie *überredest,* daß sie fasten . . .«. Dieser dritte Punkt hat mit den Melitianern überhaupt nichts zu tun.

Nur die von E. Schwartz (und schon von L. Duchesne)[83] vertretene Auffassung, daß Athanasius hier das Quadragesimafasten als Neuerung in Ägypten einführt, wird dem Wortlaut des Schreibens gerecht. Die Meinung Peris, daß Athanasius in seiner kritischen Lage nicht an liturgische Neuerungen habe denken können, wird durch das Beispiel des Basilius von Caesarea widerlegt, der auch nicht auf Rosen gebettet war und trotzdem liturgische Reformen durchführte.

Damit rückt der Brief an Serapion, der ja ein Exilsbrief ist, in die zweite Hälfte des Jahres 336 (Anfang 337 ist wegen des mare clausum weniger wahrscheinlich). Denn ep. 10 verkündet schon für 338 die Fasten der Quadragesima. Die subscriptio, das Billett sei aus Rom geschrieben, ist falsch.

Athanasius fügt noch eine Liste neu ernannter ägyptischer Bischöfe hinzu. Das Problem einer solchen Liste in einem Exilsbrief ist das gleiche, mag man das Schreiben auf 339 oder auf die zweite Hälfte des Jahres 336 setzen. Ja, im zweiten Falle ist die Abwesenheit des Athanasius von Alexandrien (seit Juli 335) sogar länger als im ersten Fall, so daß mehr Vakanzen eingetreten sein können. Die Ordinationen brauchten nicht von Athanasius selbst vorgenommen zu werden, sondern mit seiner Genehmigung von Nachbarbischöfen (s. Jones, LRE, S. 884). Der Gedanke H. Norbergs (Athanasius and the Emperor, Helsinki 1963, S. 37), daß Athanasius nach seiner Flucht (19. März 339, s. H. Lietzmann, Geschichte der Alten Kirche 3, S. 182) in Ägypten umhergezogen sei und ordiniert habe, ist bei der Allgegenwart der kaiserlichen Geheimpolizei ausgeschlossen.

Die Liste enthält 13 Namen von neu Ernannten und 10 Namen verstorbener Vorgänger. Das ist, wenn man den Brief auf Herbst 336 datiert, für etwa zwei Jahre (die Namen müssen ja für die Mitteilung durch Rundschreiben eine Zeit lang gesammelt werden) nicht zuviel. Der Tod von drei Teilnehmern des Konzils von Tyrus (Sommer 335): Saprion in Tentyra; Nonnus in Paralus; Nikon in der südlichen Garyathis (Libyen) (vgl. Apol. sec., Opitz S, 159 Nr. 14; 30; 26) erscheint angemessen. Die Liste widerspricht der Datierung auf den Herbst 336,

---

[83] L. Duchesne, Origines du culte chrétien⁵. Paris 1920, S. 246 A. 1.

welche durch die Einführung des Quadragesimafastens gefordert wird, in keiner Weise.

Das Problem der in der heutigen Ordnung der Briefe wechselnden Fastenansage fordert eine Antwort. Athanasius hat seinem Kirchenvolk nicht eine jahrelange Wechseldusche verordnet. Die von Jülicher und E. Schwartz vorgeschlagene chronologische Aufteilung der Briefe nach der Fastenansage ist die einzige einleuchtende Lösung. Ihre Durchführbarkeit und Richtigkeit dürfte durch die vorgetragenen Erwägungen zu den Briefen Nr. 3; 14; 17; 18; 24 und 12 erwiesen sein.

### 3. Chronologische Tafel der Festbriefe von 329 bis 354 n. Chr.

Die Chronologie der Festbriefe bis zum 26. Brief (die Jahreszahl nennt das Jahr, für welches der Brief bestimmt ist) stellt sich also folgendermaßen her (vgl. E. Schwartz IV, 5 ff.).

#### I. Briefe, die den Anfang des Fastens auf den Montag der Karwoche festlegen

| | | |
|---|---|---|
| 1. | $\bar{\lambda}$ | Ostersonntag 6. 4. 329. |
| 2. | $\overline{\kappa\lambda}$ | Ostersonntag 19. 4. 330. Die Quadragesima ist interpoliert. |
| 3. | $i\bar{\lambda}$ | Ostersonntag 11. 4. 331 (s. oben Teil III, 1). |
| 4. | $\bar{\lambda}$ | Ostersonntag 2. 4. 332. |
| 5. | $\bar{e}$ | Ostersonntag 15. 4. 333. |
| 6. 7. | | Die Briefe für Ostern 334 (7. 4.) und 335 (30. 3.) sind verloren. Die jetzt so gezählten Briefe gehören in andere Jahre. |
| 8. | | für Ostern 336 (18. 4.) ist verloren. |

#### II. Briefe, die den Beginn der Quadragesima anzeigen

| | | |
|---|---|---|
| 9. | | Ostersonntag 3. 4. 337. Nur das Begleitschreiben an Serapion von Thmuis (ep. 12) ist erhalten. |
| 10. | $i$ | Ostersonntag 26. 3. 338. |
| 11. | $i\bar{\lambda}$ | Ostersonntag 15. 4. 339. |
| 12. | | Ostersonntag 30. 3. 340. Der Brief ist verloren. E. Schwartz setzt $\bar{z}$ hierher. Die Verlegung von $\bar{z}$ auf 346 wurde oben Teil III, 1 begründet. Vgl. unten Nr. 17 und 18. |
| 13. | $i\bar{r}$ | Ostersonntag 19. 4. 341. |

14.    r̄          Ostersonntag 11. 4. 342 (s. oben Teil III, 1).
15. 16.           Die Briefe für Ostern 343 (27. 3.) und 344 (15. 4.) sind ver-
                 loren.
17.    s̄          Ostersonntag 7. 4. 345.
18.    z̄          Ostersonntag 7. 4. 346. Die jetzt als iz̄ und iн̄ gezählten
                 Briefe sind keine Festbriefe (s. oben Teil II, 4).
19.    iө̄         Ostersonntag 12. 4. 347.
20.    к̄          Ostersonntag 3. 4. 348. Die zweite Hälfte des Briefes ist ver-
                 loren.
21.–23.          für die Jahre 349 bis 351 sind nicht erhalten, wurden aber
                 mit Sicherheit geschrieben. Der Vorbericht bezeugt ep. 21
                 (Cureton S. (6) letzte Zeile). Kosmas hat ein Fragment von
                 ep. 22 (MPG 26, 1452 d).
24.    в̄          Ostersonntag 19. 4. 352. Siehe oben Teil III, 2 c (Gedruckt
                 bei Lefort).
25.    к̄е̄         Ostersonntag 11. 4. 353 (bei Lefort).
26.    к̄s̄         Ostersonntag 27. 3. 354 (bei Lefort).

Über die Chronologie der späteren Briefe zu spekulieren, bringt
nichts ein. Durch ihr nur einmal in der Amtszeit des Athanasius vor-
kommendes Osterdatum sind (außer ep. 1; 4 und der verlorenen ep. 8)
festgelegt: ep. 39 (367); 42 (370); 43 (371); durch die historische Notiz
am Schluß[84] die ep. 36 (auf 364).


## 4. Versuch eines Einblicks in die Redaktionsgeschichte der Festbriefsammlung

a) Das Verhältnis zwischen Vorbericht, Überschriften und Bestand der
»syrischen« Sammlung

Läßt sich aus dem vorliegenden Material ein Einblick in die Ent-
stehung der Briefsammlung gewinnen?
   1. Sicher ist, daß die syrische und die koptische Sammlung, Severus von Antiochien, Kosmas dieselbe Zählung der Briefe haben. Gilt
dies auch vom Vorbericht? Die Zählung ist ja zunächst eine Zählung der
Amtsjahre des Athanasius, und es ist nicht ohne weiteres ersichtlich,
welcher Brif dem zu ihm passenden Osterdatum (wenn dieses mehrfach
wiederkehrte) zugeordnet wurde. Aber die Frage muß bejaht werden.

---

[84]   Lefort I S. 70, 29–71,2.

Das kurze Schreiben an Serapion von Thmuis (Vorbericht: an die Presbyter von Alexandrien — er scheint »Serapion« für einen Presbyter zu
halten)[85] ist wie in der Sammlung an 12. Stelle eingeordnet; ebenso die
Schreiben Nr. 17 und 18; auch Nr. 19 stimmt zur Zählung des Syrers:
der Vorbericht Nr. 19[86] verweist auf die Mitteilung von Bischofsernen-
nungen am Schluß von ep. 19.

   Diese »allgemeine« Zählung muß auf eine zugrundeliegende Briefsammlung zurückgehen.

   2. Sicher ist auch, daß der syrische Übersetzer die Verbindung von
Vorbericht und Briefkorpus vorfand. Die Nachschrift zu ep. 7: »Der
achte und neunte Brief sind nicht vorhanden. Denn er versendete (sie)
nicht, wegen der zuvor erwähnten Ursache«[87] nimmt Bezug auf den Vorbericht[88]. Daß diese Verknüpfung aber nicht durch den Verfasser des
Vorberichts geschah, wird durch die Nachschrift zum 14. Brief nahege-
legt: »Der fünfzehnte und der sechzehnte Brief fehlen«[89]. Das widerspricht dem Vorbericht, welcher den 15. Brief als geschrieben verzeichnet[90]. Er kann also die subscriptio zu Brief 14 nicht verfaßt haben.

   3. Zu den bereits festgestellten Unterschieden im chronologischen System zwischen Vorbericht und Überschriften nenne ich jetzt
weitere Unstimmigkeiten. Kephalaion und Überschrift zum 10. Brief
(die oben übersetzt wurden) geben ein verschiedenes Mondalter des
Ostertages. Die Überschrift erwähnt die Ersetzung des Präfeken Theodorus durch Philagrius, was im Vorbericht fehlt[91]. Am wichtigsten sind
aber die abweichenden Angaben über fehlende Briefe. Wenn der Vorbericht sagt, ein Brief sei nicht geschrieben worden, so heißt das nur, daß
er ihm nicht vorlag: die Briefe Nr. 8; 9; 29 wurden entgegen seinem
Zeugnis geschrieben. Für ep. 8 und 9 beweist das der Anfang des 10.
Briefes[92], und aus ep. 29 haben wir Fragmente beim Kopten, bei Severus
und Kosmas dem Indienfahrer[93].

---

[85]   Cureton S. (4) Z. 11 v.u.

[86]   Cureton S. (6) Z. 13 f.

[87]   Cureton S. (45) Z. 7 f.

[88]   Cureton S. (3) 8 ff. Vgl. E. Schwartz III, 271.

[89]   Cureton S. syr. 37 Z. 14.

[90]   Cureton S. (5) Z. 14.

[91]   Will man sich nicht mit der oben in Teil I gegebenen Erklärung von τοῦ αὐτοῦ θεο-
       δώρου als mechanischer Abschrift einer Chroniknotiz zufriedengeben, dann ver-
       weist die Wendung (wie in der Überschrift von ep. 19) auf die Hypothesis des vor-
       hergehenden Briefes, und man muß annehmen, daß in einem früheren Zustand der
       Sammlung der 9. Brief in ihr enthalten war.

[92]   Cureton S. (45) Z. 2 v.u.

[93]   S. oben die Tabelle. Lefort I S. 54 f. führt die Stellen im Apparat an.

Vor allem für die Jahre 341 bis 344 widersprechen sich Vorbericht und Überschriften. Während der Vorbericht Brief 13 und 14 (für 341 und 342) vermißt[94], die aber im Korpus vorhanden sind, erwähnt er den Brief 15 (für 343) als geschrieben[95] und nennt als Brief 16 (für 344) eine kurze Mitteilung an die Presbyter in Alexandrien, doch sei in das übrige Gebiet kein Brief ergangen[96]. Die Nachschrift unter Brief 14 im Korpus weist dagegen auf das Fehlen des 15. und 16. Briefes hin[97]. Der Autor des Vorberichts hat also nicht nur, wie schon gesagt wurde, die subscriptio des 14. Briefes nicht verfaßt, sondern auch die Überschriften des 13. und 14. Briefes nicht gekannt. Denn diese geben die Briefnummer, das Osterdatum und das Jahr an, so daß Verwechslungen ausgeschlossen sind. Jedenfalls kann daraus schon jetzt geschlossen werden, daß die mit Überschriften versehene Briefsammlung und der Vorbericht unabhängig voneinander entstanden sind und von einem Dritten (Endredaktor) zusammengefügt wurden, der in der subscriptio zu ep. 7 auf den Vorbericht Bezug nahm.

E. Schwartz wollte die Verwirrung, welche für die Jahre 341 bis 344 festzustellen ist, damit erklären, daß die vor den Briefen stehenden Hypotheseis zwecks Zusammenstellung des Vorberichts losgelöst und dabei durcheinandergeraten seien[98]. Die Notizen über die fehlenden Osterbriefe zu 341 (Nr. 13) und 342 (Nr. 14) gehörten in Wirklichkeit zu Ostern 343 (Nr. 15) und 344 (Nr. 16); die Bemerkung über 343 (Nr. 15 sei vorhanden) aber zu Ostern 341 (Nr. 13)[99]. Das klingt zunächst bestechend, und die Redaktionsprobleme vereinfachten sich: dem Vorbericht hätte dann derselbe Bestand wie im syrischen Korpus (bzw. dessen griechischem Vorfahren) als Grundlage gedient.

Aber welchen Inhalt sollen die Hypotheseis gehabt haben, wenn sie miteinander verwechselt werden konnten? Eine ὑπόθεσις bezeichnete den Gegenstand der Schrift, zu welcher sie gehörte. Das konnte hier nur das Osterfest des betreffenden Briefes sein, also eine Datierung, und der Vorbericht soll ja nach der Meinung von E. Schwartz seine Angaben (außer den Chroniknotizen) den Hypotheseis entnommen haben. Wie

---

[94] Cureton S. (4) Z. 4 f. v. u.; S. (5) Z. 3 f.
[95] Cureton S. (5) Z. 14.
[96] Cureton S. (5) Z. 8 f. v. u. Hier möchte ich freilich, da noch zwei kurze Briefe an die Presbyter folgen (ep. 17 und 18), einen Irrtum nicht ausschließen.
[97] Cureton S. syr. 37 Z. 14.
[98] E. Schwartz III, 14.
[99] E. Schwartz III, 332.

konnte aber der 15. Brief mit dem 13. und der 16. mit dem 14. verwechselt werden, wenn jeweils eine ὑπόθεσις vorhanden war, die auch bei Loslösung ihr Datum behielt? Außerdem stand, leicht auffindbar, am Schluß jedes vorhandenen Osterbriefes das Osterdatum, welches der Verfasser des Vorberichts sofort mit seinen chronologischen Unterlagen vergleichen konnte. Und wenn es sich bei den Hypotheseis von ep. 15 und 16 bloß um eine Fehlanzeige handelte, die in Nr. 13 und 14 des Vorberichts[100] geriet, dann bliebe immer noch die Tatsache, daß die Sammlung, auf welche der Vorbericht sich gestützt haben soll, doch die Briefe 13 und 14 mit ihren datierten Hypotheseis enthielt. Ich glaube also, daß die Verwechslungshypothese nicht weiterhilft, sondern daß die Briefsammlung, auf welche der Vorbericht Bezug nimmt, für die Jahre 341 bis 344 von der Vorlage des syrischen Übersetzers abwich.

4. Überblickt man die nach dem Vorbericht fehlenden Briefe: Nr. 8 (für 336); 9 (337; 12 (340); 13 (341); 14 (342); 29 bis 33 (357–361)[101], so fallen die Lücken in das 1. Exil (Briefe für 336 und 337), die ersten Jahre des 2. Exils (Briefe für 340; 341; 342) und in das 3. Exil (Briefe für 357 bis 361). Da wir wissen, daß eine Reihe der »fehlenden« Briefe geschrieben wurde, deutet die Systematik des Befundes auf Registrierungslücken, vermutlich im Patriarchatsarchiv. Während der Abwesenheit des Erzbischofs und vor allem während der Herrschaft der Usurpatoren Gregor (339–345, seit 342 schwer krank)[102] und Georg (357–358) und der schweren Verfolgung bis 361 konnten die Briefe nicht im bischöflichen Archiv gesammelt werden. Und auch der Arianer Lucius, den Kaiser Valens nach dem Tode des Athanasius wieder auf den Thronos von Alexandrien setzen ließ[103], wird schwerlich ein pietätvolles Interesse an athanasianischen Dokumenten gehabt haben.

Wenn man sich nun vor Augen hält, daß der Vorbericht dieselbe Zählung der Briefe aufweist wie die vom Syrer übersetzte Sammlung (und das koptische Korpus, Severus, Kosmas) und daß auch sonst Verwandtschaft mit dieser besteht (gemeinsames Fehlen von ep. 8; 9; 12; gemeinsames Vorhandensein der Billette 12; 17; 18)[104], so wird man — in Abwägung von Unterschied und Gemeinsamkeit — zu der Annahme

---

[100]   Cureton S. (5) Z. 3 f.
[101]   Cureton S. (8) Z. 8 v. u. bis S. (9) Z. 3 v. u.
[102]   Cureton S. (5) Z. 3.
[103]   Enzyklika Petrus' II. von Alexandrien bei Theodoret, Kirchengeschichte 4, 22, 9, S. 252, 10 ff. Parmentier, GCS.
[104]   Zu Nr. 19 des Vorberichts s. oben bei Anm. 86.

geneigt sein, daß sowohl die dem Vorbericht zugrunde liegende Sammlung als auch die Sammlung des »Syrers« auf einer in theodosianischer
Zeit veranstalteten Bestandsaufnahme und auf deren (nach den Osterdaten erfolgten) Ordnung der Briefe fußen. Diese konnte dann durch
aufgefundene Briefe erweitert werden (zur »Grundlage« des Vorberichts
einerseits, zur »syrischen« Sammlung andererseits), wobei die verschiedene Gestaltung der Überschriften im Korpus auf Redaktionsprozesse
deutet, die wir nicht mehr klären können. Ich wage nicht zu sagen, ob
die Ähnlichkeit des Datierungssystems von Gruppe A der Überschriften
mit dem Grundschema der Datierung im Vorbericht[105] eine Spur der
»ersten Ausgabe« der Sammlung sei. Schließlich hat ein »Redaktor« das
»syrische« Korpus (das heißt die ihm entsprechende griechische Sammlung) mit dem unabhängig davon und auf anderer, wenn auch verwand-
ter Grundlage entstandenen Vorbericht verbunden.

Die »syrische« Sammlung ist eine wissenschaftliche Ausgabe mit
chronologischem und chronistischem Beiwerk. Die koptische Sammlung ist für den praktischen Gebrauch bestimmt; ihre Überschriften ver-
zichten auf gelehrten Ballast. Sie übernimmt aber die Ordnung der
Briefe aus einer Sammlung des »syrischen« Typs.

### b) Timotheus Älurus als Zeuge für eine unabhängige Ordnung der Briefe

Was ist nun aus den von Timotheus Älurus gebotenen Zitaten für die
Ordnung der Briefe zu entnehmen?[106]. Ich stelle die Angaben der Lemmata in der Reihenfolge ihres Vorkommens im Text des Timotheus (laufende Nr. der Spalte 1) und mit der Bezifferung Garittes (Spalte 2) der
»allgemeinen Ordnung« (Spalte 4) gegenüber. »Ära« bedeutet das von
Timotheus genannte Jahr der Ära Diokletians. Die Ostersonntage werden von Timotheus nicht angegeben, sondern sind (ebenso wie die Jahre
der christlichen Zeitrechnung) von mir hinzugefügt. Die Klammer verbindet Zitate, die bei Timotheus nahe zusammen stehen (die Seitenzah-
len werden von Garitte verzeichnet).

---

[105]  S. oben Teil II, 1 a und b.
[106]  Lit.: Th. Lefort, A propos des festales de S. Athanase. Muséon 67 (1954) 43–50. — G.
       Garitte s. oben Anm. 35. — K. Ter-Mekertschian und E. Ter-Minassianitz: Timotheus
       Älurus' des Patriarchen von Alexandrien Widerlegung der auf der Synode zu Chal-
       kedon festgesetzten Lehre. Leipzig 1908 (armenisch). — Weitere Lit. bei Garitte.

| lfd. Nr. | Garitte | Lemma des Timotheus Brief-Nr. | Ära | „Allgemeine" Brief-Nr. des Zitats | Ostersonntag | Jahr des Osterdatums |
|---|---|---|---|---|---|---|
| { 1. | 8 A | e Festali | | XXVII (?) | 16. 4. | 355 (auch 366) |
| { 2. | 8 B | et post alia | | | | |
| 3. | 2 | e Festali | Diocl. 54 | X | 26. 3. | 338 (auch 349) |
| { 4. | 7 | XIII | | XXVII (Severus) | a) ep. XIII: 19. 4. | a) 341 (auch 330; 352) |
| | | | | | b) ep. XXVII: 16. 4. | b) 355 (auch 366) |
| { 5. | 4 | XI | Diocl. 55 | XI | 15. 4. | 339 (auch 333) |
| { 6. | 6. | II | Diocl. 46 | XXIV | 19. 4. | 330 (auch 341; 352) |
| 7. | 5 | III | Diocl. 47 | XIV | 11. 4. | 331 (auch 342) |
| { 8. | 1 | V | Diocl. 49 | X | a) ep. V: 15. 4. | a) 333 (auch 339) |
| | | | | | b) ep. X: 26. 3. | b) 338 (auch 349) |
| { 9. | 3 | XI | Diocl. 55 | XI | 15. 4. | 339 (auch 333). |

Der Patriarch hat den größten Teil seiner Amtszeit in der Verbannung verbracht. Schon deshalb ist wahrscheinlich, daß seine Zitate aus zweiter Hand, wohl aus Florilegien, stammen. Darin liegen Fehlerquellen, aber auch Florilegien müssen letztlich von Originalquellen ausgegangen sein. Was ergibt der Vergleich von Timotheus' Angaben mit den uns sonst bekannten Daten?

Nr. 1 und 2 der Tabelle (ich beziehe mich auf Spalte 1) scheiden aus, da sie keine nähere Bestimmung enthalten. Nr. 4 gibt eine Briefziffer (XIII) an, deren Osterdatum nicht zum Zitat (aus ep. XXVII) stimmt. Lefort[107] hat eine scharfsinnige Erklärung gegeben. Das Osterdatum von ep. 27, der 21. (K͞Λ) Pharmuthi (16. 4.), sei als K͞Λ, 24. Pharmuthi (19. 4.) gelesen worden, und danach sei der Brief zu diesem Osterdatum, im 13. Amtsjahr des Athanasius (also ep. XIII), gestellt worden. Falsch ist auch Nr. 8, wo die Briefziffer V mit der dazu passenden Jahreszahl genannt wird, das Zitat aber aus ep. X (die ein ganz anderes Osterdatum hat) stammt[108]. Richtige Angaben bieten: Nr. 3 (ohne Briefziffer, aber zum Osterdatum des Zitats aus ep. X passendes Jahr); Nr. 5 und Nr. 9 (Briefziffer [ep. XI], Jahr und Osterdatum des Zitats [aus ep. XI] stimmen überein).

Bei Nr. 6 und 7 stehen die angegebenen Briefziffern (II und III), das jeweilige diokletianische Jahr (das 2. und 3. Amtsjahr des Athanasius bezeichnend) und das Osterdatum[109] im Einklang miteinander. Aber die Briefe werden in der »allgemeinen« Ordnung als Nr. 24 und 14 (statt 2 und 3 wie bei Timotheus) gezählt. Lefort[110] meint, dies erkläre sich daraus, daß Timotheus (besser: sein Gewährsmann), wenn in seiner

---

[107] A.a.O. (s. oben Anm. 106) S. 46.
[108] Lefort S. 47 f. versucht eine Erklärung, die aber sehr verwickelt ist.
[109] 19. April (330; 341; 352) bzw. 11. April (331; 342; 353).
[110] A.a.O. (s. oben Anm. 106) S. 49.

Tabelle das Osterdatum in verschiedenen Jahren wiederkehrte, jeweils das erste Jahr (hier also 330 bzw. 331) genommen habe. Aber das trifft nicht zu. In Nr. 5 und Nr. 9 hat er nicht das früheste Datum gewählt, ebenso nicht in Nr. 4: das Osterdatum von ep. XIII kam 330 zum ersten Male vor (was auf die Briefziffer II geführt hätte).

Daß Timotheus in zwei Fällen (Nr. 6 und 7), wo verschiedene Jahre für das Osterdatum zur Verfügung standen, von der »allgemeinen« Chronologie in derselben Weise abweicht wie die unabhängig von ihm oben festgestellte Chronologie, darf als Hinweis auf eine zweite Ordnung der Briefe neben der »allgemeinen« — eben der von uns in Anlehnung an Jülicher und E. Schwartz ermittelten — gelten. Doch bedarf die »neue Chronologie« dieser Stütze nicht.

Mit diesen Erwägungen dürfte der Rahmen, in welchen der 10. Brief eingefügt ist, etwas deutlicher hervorgetreten sein.

fol. 39 recto

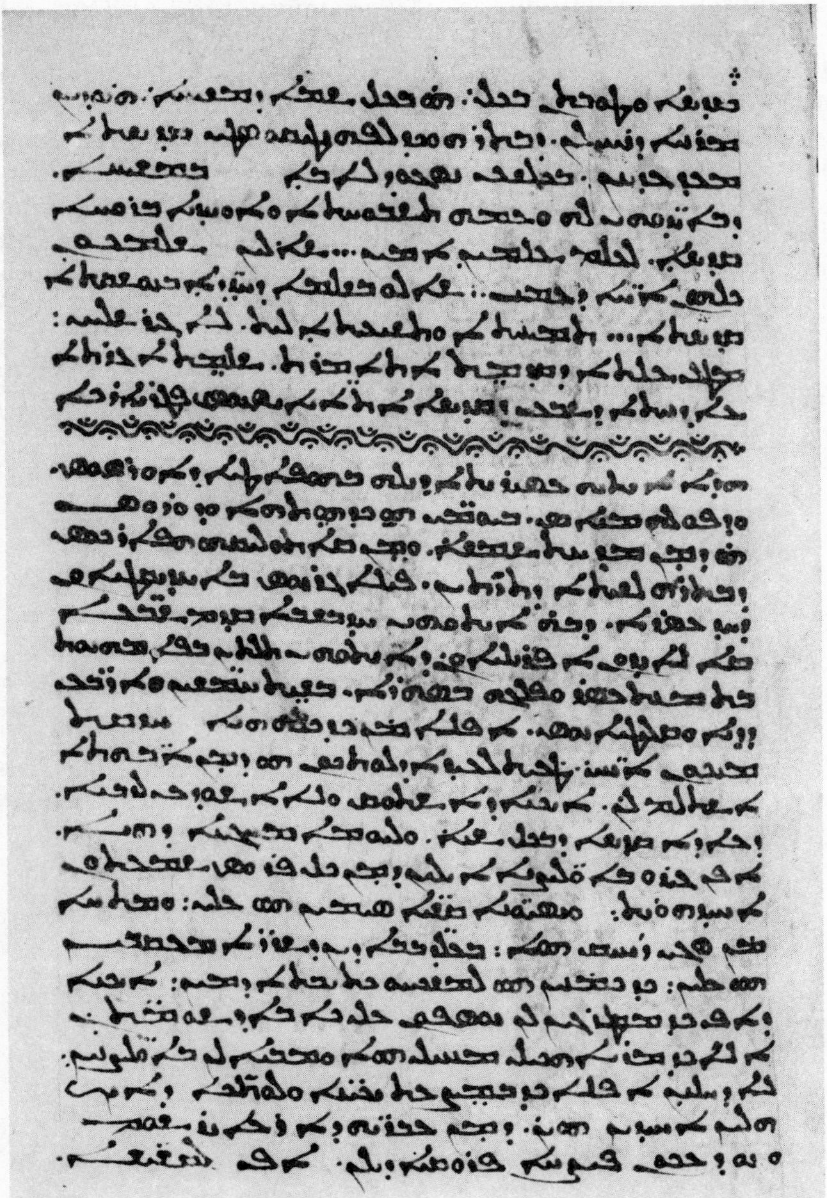

# IV. Der 10. Osterfestbrief

## 1. Text und Übersetzung

Manuskript British Library add. 14569 fol. 39 recto Zeile 18 ff. — Cureton S. (45) Z. 8 ff. von unten.

Die Handschrift ist von Wright, Catalogue Part II, Kapitel DXXXII, S. 406 beschrieben worden. Er setzt sie »etwa ins 8. Jahrhundert«. Nach der mit vorliegenden Fotografie habe ich den Eindruck, daß unter der jetzigen Schrift die Spuren syrischer Schrift sichtbar sind. Da Wright nichts davon sagt, daß es sich um einen Palimpsest handele, müßte das am Original nachgeprüft werden. Den Anfang des Briefes (bis zum Zitat von Röm 8,35) wurde von E. Schwartz (III, 271) ins Griechische zurückübertragen. Die Überschrift ist oben in Teil I übersetzt. Ich habe am Rande meiner Übersetzung die Paragraphen Mais und Robertsons beigefügt. Zu lange Abschnitte sind durch Buchstaben (a, b, c) unterteilt, um eine Änderung der Bezifferung zu vermeiden.

## Übersetzung

fol. 39 recto

§ 1 Auch als ich so weit von Euch weggereist war, meine Brüder, habe ich nicht die Gewohnheit, die bei Euch besteht, welche uns von den Vätern überliefert wurde, vergessen, so daß ich schweigen und nicht die Zeit des jährlich wiederkehrenden heiligen Festes und seinen Festtag hätte ankündigen wollen. Denn wenn ich auch von den Drangsalen, von denen Ihr jedenfalls gehört habt, umklammert war und mir schwere Prüfungen auferlegt wurden und die Entfernung sehr weit war, die Feinde der Wahrheit aber uns nachspürten und belauerten, um einen Brief (γράμματα) von uns zu finden[1], damit sie, uns verklagend, die Schmerzen unserer Wunden noch vermehrten — haben wir doch, da nun der Herr uns stärkte und tröstete in unseren Bedrängnissen, uns nicht gefürchtet, selbst als wir mitten in solchen Anschlägen und Nachstellungen steckten, Euch vom Ende der Welt her unser heilbringendes Osterfest anzuzeigen[2]. Auch habe ich die Presbyter

---

[1] Osterfestbriefe trugen die Stimme des Erzbischofs bis in den letzten Winkel Ägyptens.

[2] Athanasius hat also während seiner Abwesenheit von Alexandrien die jetzt verlorenen Briefe 8 und 9 geschrieben.

fol. 39 verso

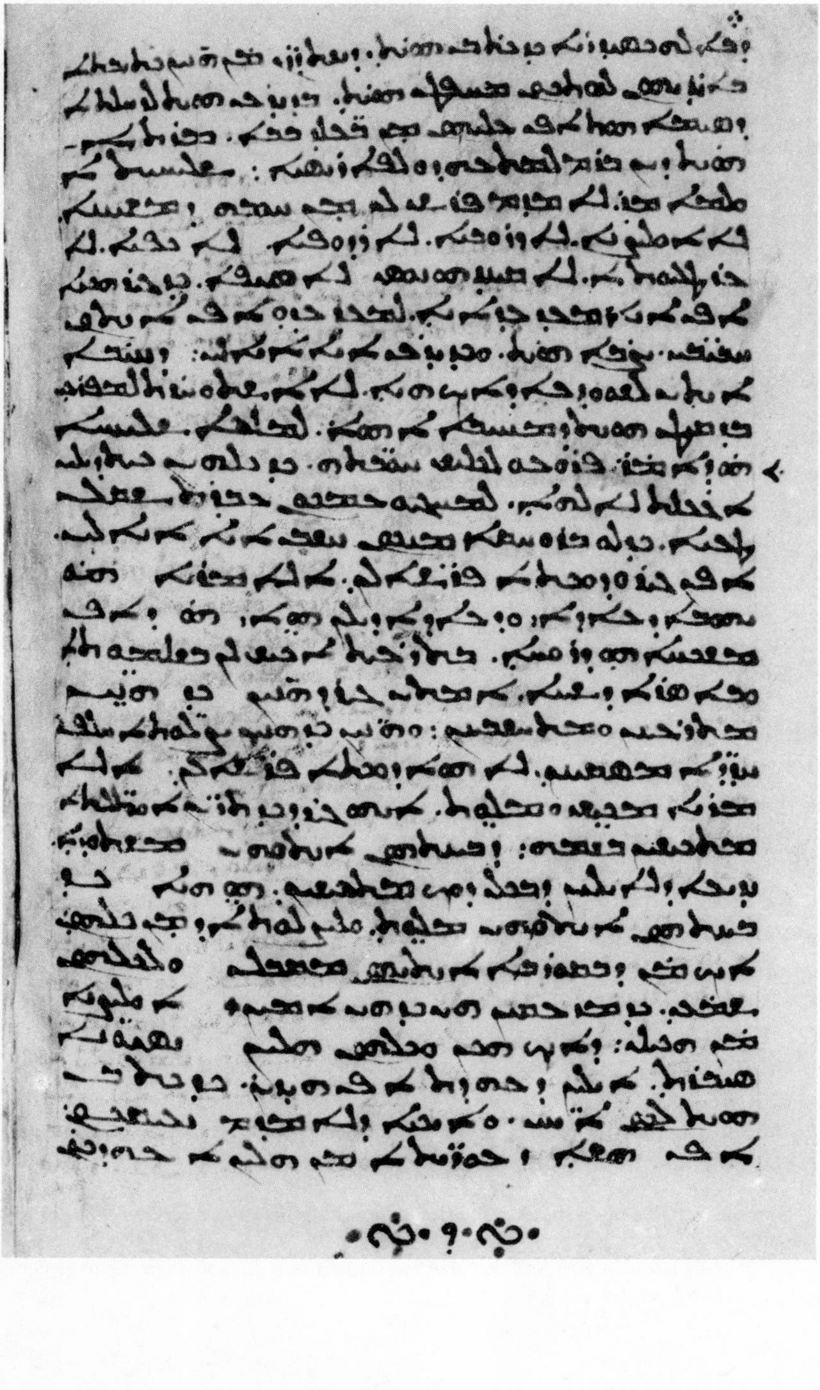

folio 39 verso

in Alexandrien, als ich schrieb, gedrängt, daß jene Briefe durch sie an
Euch gesendet werden sollten, da ich die Furcht kannte, die auch ihnen
von den Feinden auferlegt war. Ich ermahnte sie aber, eingedenk zu sein
des apostolischen Freimuts (ἀποστολικὴ παρρησία)[3] und zu sagen:
Nichts scheidet uns von der Liebe Christi, weder Drangsal, noch Not, 5
noch Verfolgung, weder Hunger, noch Blöße, noch Fährlichkeit, noch
Schwert (Röm 8,35). Denn da auch ich das Fest so beging[4], wollte ich,
daß auch Ihr, meine Geliebten, das Fest feiert. Und wohl wissend, daß
ich zu einer solchen Bekanntgabe verpflichtet bin, habe ich nicht gezö-
gert, das einzulösen, weil ich fürchtete, schuldig zu werden an dem apo- 10
stolischen Rat, der da sagt: Erfüllt gegen jedermann die ihm geschul-
dete Pflicht (Röm 13,7). Indem ich also alle meine Angelegenheiten
Gott übergab (vgl. 1 Petr 5,7), war ich bemüht, mit Euch das Fest zu
feiern, wobei ich der Entfernung von Euch durchaus nicht achtete.
Denn wenn uns auch der Ort trennt, so versammelt doch der Herr, der 15
Geber des Festes und der (selbst) unser Fest ist, er, der auch der Spender
des Geistes ist, uns in Gedanken, in Eintracht und mit dem Band des
Friedens (vgl. Eph 4,3)[4a]. Wenn wir nämlich dasselbe sinnen und denken
und dieselben Gebete füreinander aufsteigen lassen, trennt uns der Ort
nicht, sondern der Herr versammelt und verbindet uns. Denn wenn er 20
verheißt, daß, wo zwei oder drei versammelt sind in seinem Namen, er
mitten unter ihnen ist (Mt 18,20), dann ist klar, daß er diejenigen,
welche sich überall versammeln, indem er unter ihnen ist, zusammen-
schließt und das Gebet, das von ihnen allen kommt, empfängt, als wären
sie in der Nähe, und sie alle hört, wenn sie dasselbe »Amen« rufen. 25
Drangsal also derart und alle diese Prüfungen habe ich erduldet,
welcher ich auch damals gedachte, als ich Euch schrieb, meine Brüder.
Und damit wir Euch nicht irgendwie Schmerz bereiten, möchte ich auch
jetzt Euch nur kurz daran erinnern[5]

---

[3] M. Albert (s. oben Anm. 6) macht daraus einen »apostolischen Pharisäer«.
[4] Der mit ܟ eingeleitete Satz gibt eine griechische Partizipialkonstruktion wieder und
bezeichnet einen Zustand, der mit dem in der Vergangenheit liegenden Hauptsatz
gleichzeitig ist. Th. Nöldeke, Kurzgefaßte Syrische Grammatik. Nachdruck Darmstadt 1977, § 275.
[4a] Die Stelle besagt nicht, daß Athanasius jetzt fern von Ägypten ist, sondern sie ist eine
allgemeine Sentenz.
[5] Mai: nunc etiam paucas ex his vobis memorabo . . . Aber ܠܚܘܝܘܩ ist nicht Futur; das
Imperfekt hat hier modale Färbung. Mai, dem M. Albert (s. o. A. 6) folgt, setzt dann
fälschlich eine Lücke an. Der Text bei Cureton S. syr. 15 Z. 9 v. u. (Mskr. fol. 40r)
schließt fugenlos an.

fol. 40 recto

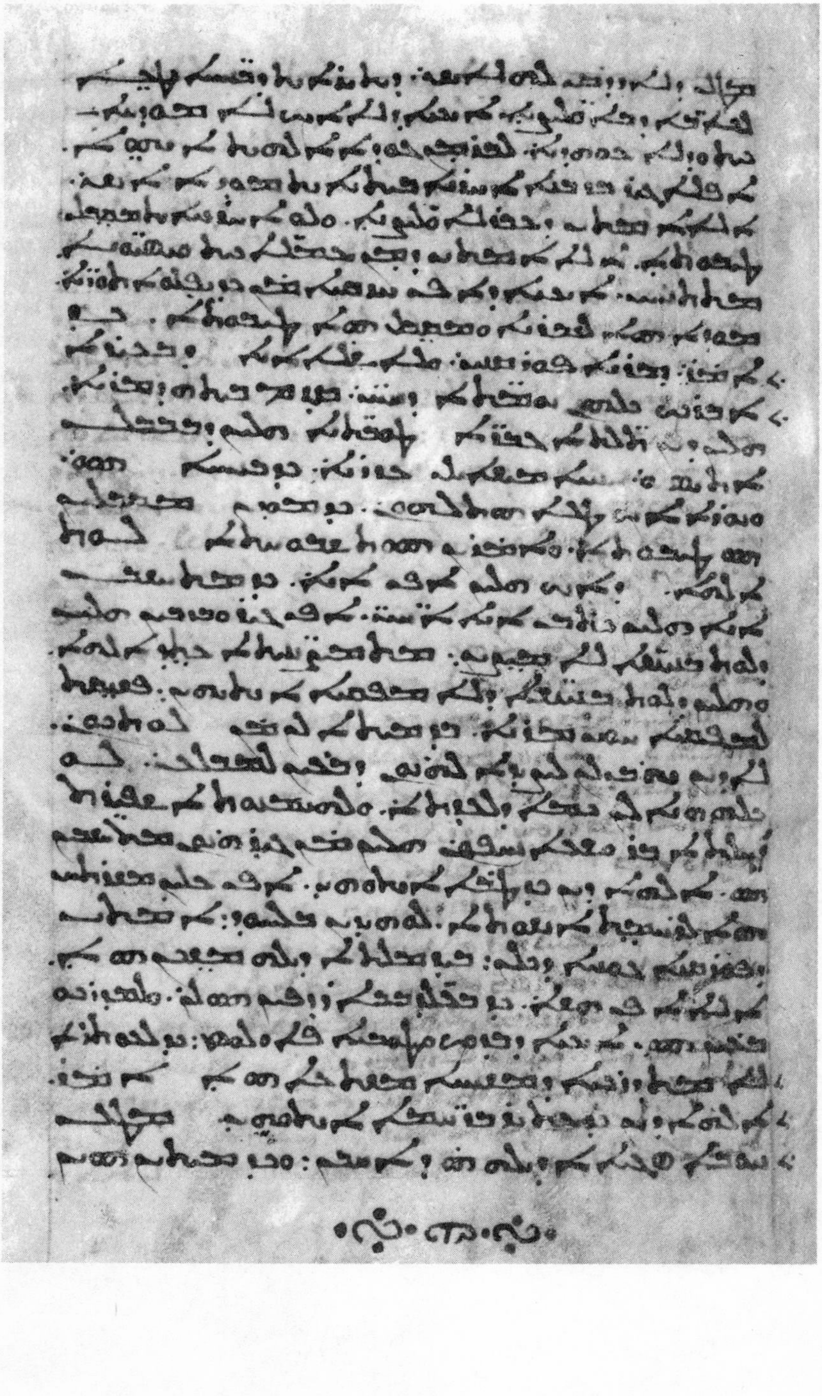

folio 40 recto (Cureton S. syr. 15 Z. 9 v. u.)

weil es sich für den Menschen nicht ziemt, daß er, zumal wenn er zur
Ruhe gekommen ist[6], die Schmerzen vergißt, die in den Drangsalen
erlitten wurden, damit er nicht, als Undankbarer nämlich und Vergeßli-
cher, aus der göttlichen Schar ausgeschlossen sei. Denn auch zu keiner
anderen Zeit lobpreist man in passender Weise[7], als wenn man die      5
Drangsale durchschritten hat, und nicht anders dankt man, als wenn
man nämlich von den Mühsalen[8] und den Prüfungen zur Ruhe gekommen ist, wie auch Hiskia, als die Assyrer gefallen waren, den Herrn pries
und dankte, indem er sprach: »Der Herr ist mein Heil[9], und nicht will
ich aufhören, mit Saitenspiel dich zu segnen, alle Tage meines Lebens   10
vor dem Hause Gottes« (Jes 38,20). Die drei seligen Männer aber, die in
Babel versucht wurden: Hannanja, Misael und Asarja, da sie in einem
Zustand der Ruhe waren und das Feuer ihnen wie Tau ward, priesen und
dankten und richteten einen Lobgesang an Gott (Dan 3,50ff.). Solche
Dinge — wenn ich sie (vergleichend) erwäge — schreibe auch ich, meine  15
Brüder. Denn auch in unserer Zeit hat Gott möglich gemacht, was bei
Menschen unmöglich ist; und das, was bei den Menschen ausweglos ist,
hat der Herr als etwas erwiesen, aus dem man leicht herausgelangt,
indem er uns einerseits zu Euch brachte[10], andererseits uns denen nicht
zur Beute gab, welche danach trachten, zu verschlingen (vgl. 1 Petr 5,8) — 20
nicht so sehr uns als die Kirche — und daß sie[11] den frommen Glauben
durch Frevel (Häresie) verdunkeln[12].

4a        Denn das beabsichtigten sie zwar, Gott aber, der gut ist, hat auch
an uns Menschenfreundlichkeit (φιλανθρωπία) reichlich erzeigt; nicht
nur damals, als er die allgemeine Erlösung unser aller durch seinen      25
Logos geschenkt hat, sondern auch jetzt, als uns die Feinde verfolgten
und zu fassen suchten. Wie an einer Stelle auch der selige Paulus sagte[13],
als er den unerforschlichen Reichtum Christi darlegte (Eph 3,8): »Gott
aber, der reich ist an Erbarmen, hat wegen seiner großen Liebe, mit der
er uns geliebt hat, uns, die wir doch tot waren                          30

---

[6]   Athanasius schreibt also in Alexandrien.
[7]   ‫ܟܐܝܬ‬ = οἰκείως, proprie.
[8]   Das Mskr. hat gegen Cureton den Plural.
[9]   LXX: κύριε τῆς σωτηρίας μου. So stand es auch bei Athanasius, vgl. Or. c. Ar. 2, 4,
      MPG 26, 158a Z. 10. Vielleicht hat der Schreiber statt des constructus ‫ܦܪܩ‬ das häufige
      ‫ܦܘܪܩܢ‬ gesetzt. Die Peschitta hat: ‫ܡܪܝܐ ܦܪܘܩܝ‬
[10]  Nöldeke (s. oben Anm. 4) § 275.
[11]  Zur Weglassung von ‫ܕ‬ nach Ausdrücken der Absicht und neben ‫ܠ‬ mit Infinitiv s.
      Nöldeke § 368 mit der Anm. auf S. 344.
[12]  Vgl. Athanasius, Apol. c. Ar. 47, MPG 25, 333a: καὶ τὴν εὐσεβῆ διαφθείρωσι πίστιν.
[13]  Praesens historicum. Nöldeke § 274.

fol. 40 verso

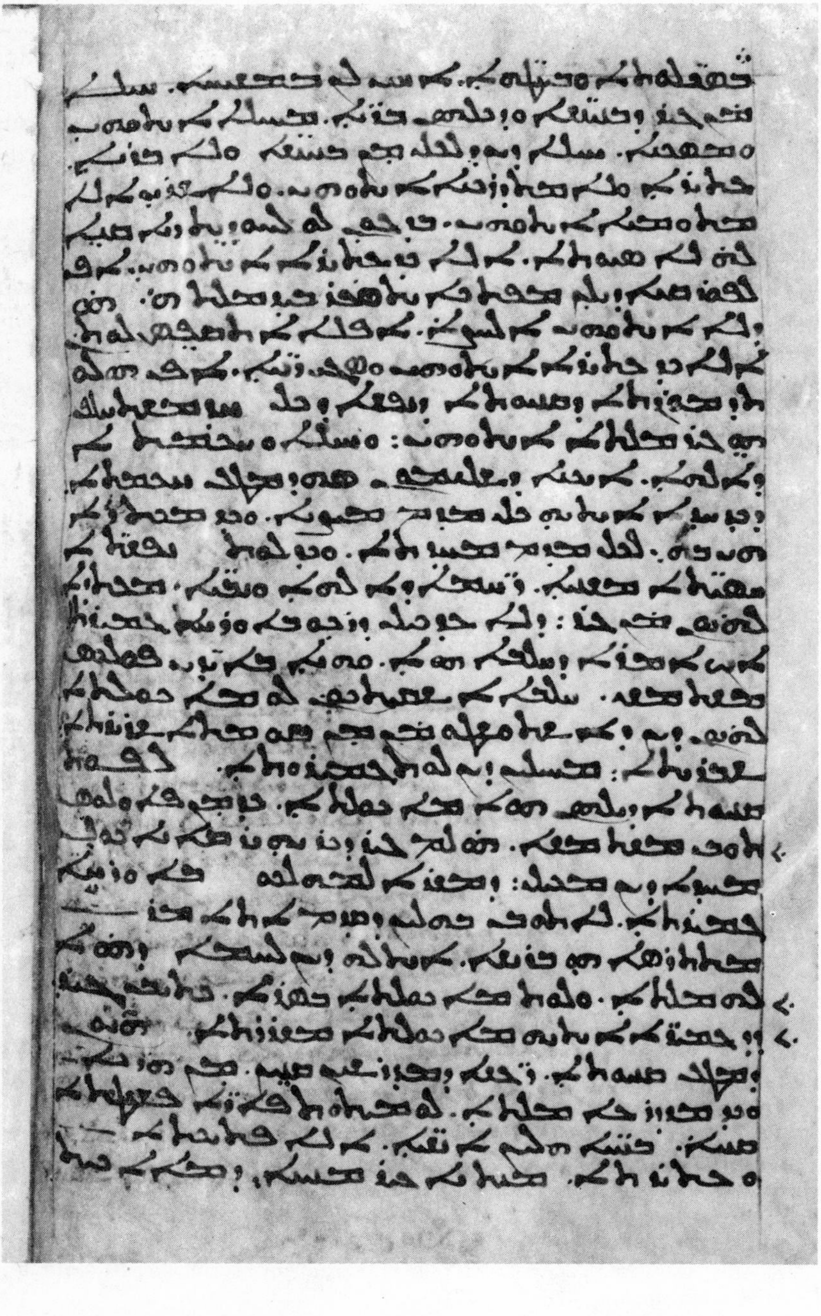

folio 40 verso

in Verfehlungen und Sünden, zum Leben erweckt in Christus« (Eph 2,4–5). Denn die Kraft der Menschen zwar und aller Geschöpfe ist schwach und arm; die Kraft aber, welche über den Menschen ist und nicht geschaffen, ist reich und unausforschlich. Und sie hat keinen Anfang[14], sondern ist ewig. Deswegen besitzt sie nicht bloß auf eine einzige Weise die (Kunst) zu heilen, sondern da sie reich ist, bewirkt sie auch unsere Erlösung auf verschiedene Art durch ihren Logos, welcher nicht beengt ist noch eingeschränkt in bezug auf uns. Sondern da er reich und mannigfaltig ist, wandelt er sich auch nach der Art[15] und Beschaffenheit der Seele jedes Einzelnen[16]. Denn er ist der Logos und die Kraft und die Weisheit Gottes. Wie Salomo von der Weisheit bezeugt hat: »Sie ist eine und vermag alles, und bei sich selbst bleibend erneuert sie alles, und indem sie sich zu heiligen Seelen begibt, rüstet sie Freunde Gottes und Propheten zu« (Weish. 7,27). Denen aber, die noch nicht auf dem vollkommenen Weg wandelten, wurde er (der Logos) wie ein Milchschaf[17]. Und dieses wurde durch den Dienst des Paulus dargeboten: »Milch habe ich Euch zu trinken gegeben, keine (feste) Speise« (1 Kor 3,2). Denen aber, die zwar vom eigentlichen Kindesalter fortgeschritten, jedoch zu schwach zur Vollkommenheit sind, wurde er Speise gemäß ihrem Zustand; wiederum von Paulus dargereicht: »Der nämlich, welcher schwach ist, soll Gemüse essen« (Röm 14,2). Sofort aber, nachdem er anfängt, auf dem vollkommenen Wege zu wandeln, wird der Mensch nicht mehr mit dem, was zuvor erwähnt wurde, ernährt. Sondern er hat das Brot, welches das Wort (der Logos) für ihn ist, und zur Speise Fleisch. Denn es steht geschrieben: »Feste Speise ist für die Vollkommenen, welche auf Grund ihrer (durch Übung erworbenen) Beschaffenheit (διὰ τὴν ἕξιν) geübte Sinne besitzen« (Hebr 5,14).

Daher auch, wenn das Wort gesät wird, bringt es nicht einerlei Ertrag an Früchten in diesem Menschenleben, sondern einen verschiedenen und reichen. Denn es bringt hervor eine Zahl von hundert sogar[18]

---

[14] Mai: dissolutione caret. Das müßte aber heißen: ܠܝܬ ܠܗ̇. Es liegt vielmehr pa'el von ܫܪܐ vor.

[15] Ich übersetze nach der Lesung Curetons (S. syr. 15 Z. 9 v.u.): ܥܠ ܐܝܟ. Im Mskr. (fol. 40v Z. 9 f.) steht am Zeilenende ܥܠ und am Anfang der folgende Zeile ܐܝܟܢܐ (= non res mirabilis) was sinnlos ist. Unter dem ܀ ein Strich (Tilgung?).

[16] Ein origenistischer Gedanke. Siehe E. R. Redepenning, Origenes Bd. 2 (1846), Nachdruck Aalen 1961, S. 393 f. (Belege). — Harnack, DG⁴ S. 686 f. — Athanasius hatte sogar in seinem Wüstenversteck Schriften von Origenes und Theognost bei sich: ep. IV, 9 am Serapion MPG 26, 649 b.

[17] »Milch gebendes Schaf«, nicht »säugendes Schaf«, s. Payne — Smith, Thesaurus Syriacus s.v. ܥܠܬ.

[18] Hier Anfang des bei Cureton fehlenden Stücks (fol. 41).

fol. 41 recto

5

10

15

20

25

folio 41 recto

und von sechzig und von dreißig (Mt 13,8), wie dies der Erlöser lehrt, der
Sämann der Gnade und Spender des Geistes. Und das ist unzweifelhaft
und empfängt auch keine Bestätigungen von außen, sondern an uns
selbst kann man den Acker sehen[19], der von ihm besät wurde. In der
Kirche nämlich ist das Wort mannigfaltig und ist der Ertrag[20] reich. Und     5
nicht mit Jungfrauen allein hat sich solch Acker geschmückt und auch
nicht allein mit Asketen, sondern auch mit ehrbarer Ehe und der Züchtigkeit eines jeden. Denn wenn er sät, bedrängt er das Wollen nicht über
Vermögen, und er ist nicht bloß der Freund der Vollkommenen, sondern
auch zu den Mittleren und Dritten läßt er sich herab, damit er über-     10
haupt (ἀπλῶς) jeden zur Erlösung befreie. Deswegen nämlich hat er
auch viele Wohnungen beim Vater bereitet (Joh 14,2), so daß, auch wenn
die Wohnung verschieden ist gemäß dem Fortschritt[21] in der sittlichen
Tugend, wir doch alle innerhalb der Mauer sind und alle in dieselbe
Umzäunung eingehen, während der Widersacher hinausgeworfen und     15
sein ganzes Heer von dort ausgetrieben wird. Denn geschieden vom
Licht[22] ist die Finsternis, und geschieden vom Segen der Fluch. Und
auch der Teufel ist geschieden von den Heiligen und fern von der
Tugend ist die Sünde. Deshalb ließ auch das Evangelium den Satan hart
an mit den Worten: »Weiche hinter mich, Satan!« (Mt 4,10). Uns aber     20
hat es zu sich gerufen und sagte: »Gehet ein in die enge Pforte« (Mt
7,13). Und wiederum: »Kommt, ihr Gesegneten meines Vaters, erbet das
Reich, das euch bereitet ist« (Mt 25,34). Wie auch der Geist in den Psalmen zuvor rief und sagte: »Tretet ein in seine Tore mit Lobgesängen« (Ps
99,4).     25

4 c        Durch Tugend geht man zu Gott ein, wie Mose in die dunkle
Wolke, wo Gott war[23] (Ex. 20,21). Man geht aber durch Bosheit aus der
Nähe des Herrn hinweg, wie Kain, als

---

[19]  Burgess liest: ܐܝܠܝܢ ܡܥܝ ܚܠܡ ܗܘ ܒܝܕ ܐܠܐ und übersetzt demgemäß: but it is in our
   power to behold . . . Im Manuskript steht aber ܚܝܠ ܒܝܕ (fol. 41r Zeile 3) (wie ܚܝ am
   Zeilenende aussieht, zeigt Z. 4 v. u. derselben Seite). Das kann nur menan gelesen
   werden. Der Vokalpunkt steht, wie öfter, nicht über dem zugehörigen Buchstaben.
[20]  Für ܡܝܬܪܘܬܐ (Tugend) ist mit Burgess ܡܥܠܬܐ zu lesen.
[21]  Das Mskr. hat gegen den Druck bei Burgess den Plural ܫܘܡܩܐ, was jedoch dem deutschen Sprachgeist zuwiderläuft.
[22]  Wörtlich: außerhalb des Lichtes.
[23]  Nach der Verbesserung von Burgess ܗܘܐ ܬܡܢ. Die Handschrift hat: ܐܬܡܬܘ
   ܗܘܐ ܐܠܗܐ. Dabei ist nicht an den Gottesnamen »Ich werde sein« (Ex 3,14) zu denken;
   dieser wird mit der hebräischen vox sacra ܡܪܝ wiedergegeben (Peschitta; vgl. Aphraat,
   Dem. 17,5, S. 792, 11 f. Parisot. — Jakob von Edessa hat ein langes Scholion über den
   Gottesnamen »jhwh« verfaßt, s. E. Nestle: Jakob von Edessa über den Schem hamme-
   phorasch und andere Gottesnamen. ZDMG 24 (1870) 465–508.

fol. 41 verso

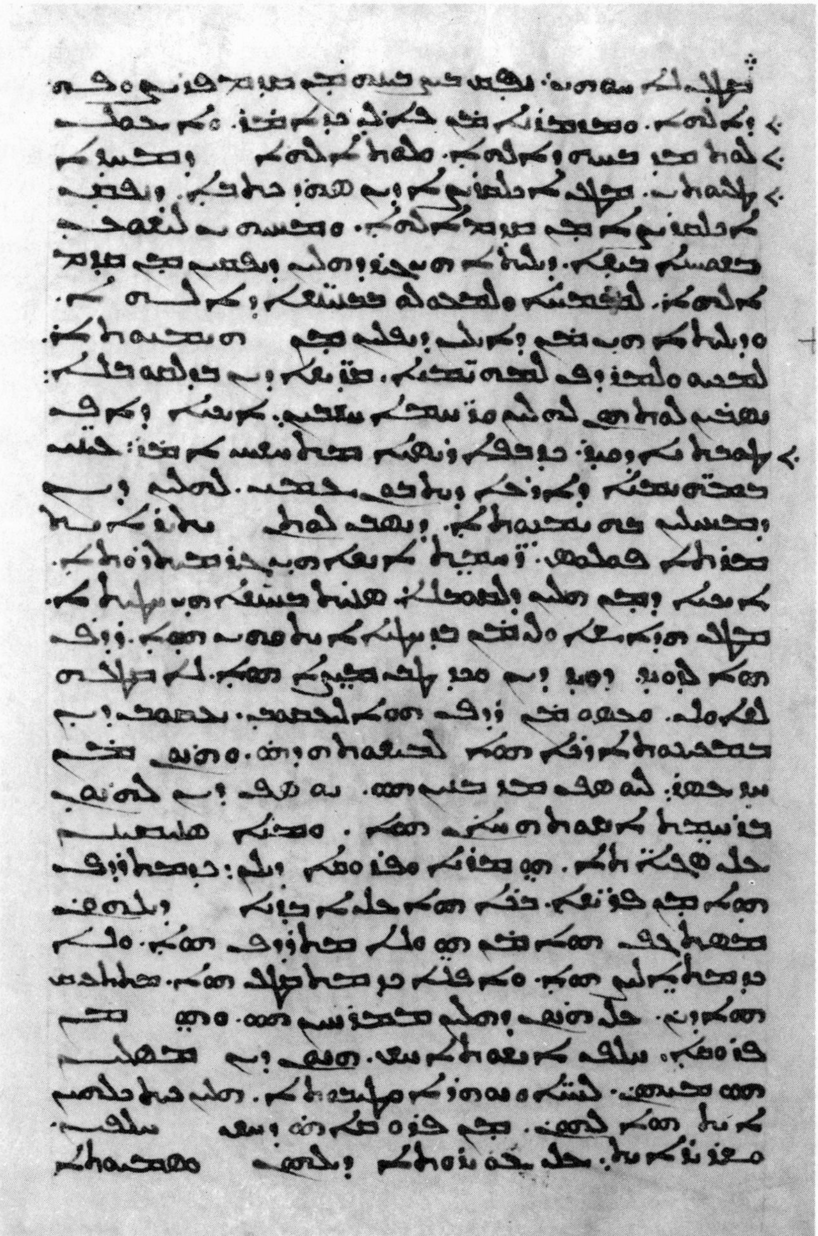

fol. 41 verso

er seinen Bruder tötete, durch seinen (bösen) Willen vom Angesicht
Gottes hinausging (Gen 4,16). Und der Psalmist geht hinein, indem er
sagt: »Und ich will hineingehen zum Altare Gottes und zu Gott, der
meine Jugend fröhlich macht« (Ps 42,4). vom Teufel aber zeugt die
Schrift: »Der Teufel ging von Gott hinaus und schlug ⟨Hiob⟩[24] mit     5
einem bösen Geschwür« (Hi 2,7). Denn dies ist eine Eigenart derer, die
von Gott fortgehen, zu schlagen und die Menschen Gottes frevlerisch zu
schädigen. Und es ist eine Eigenart derer, die vom Glauben abfallen, den
Gläubigen nachzustellen und sie zu verfolgen. Aber die Heiligen dagegen nehmen diese (die Gläubigen) zu sich und betrachten sie als         10
Freunde, wie auch der selige David, indem er frei heraus sagt: »Meine
Augen sehen auf die Gläubigen des Landes, damit sie mit mir wohnen«
(Ps 100,6). Daß wir aber die, welche schwach im Glauben sind, vor allem
zu uns nehmen sollen, mahnt Paulus. Menschenfreundlich ist nämlich
die Tugend, so wie im Gegenteil (ἐϰ τõν ἐναντίων) die Sünde menschen-   15
hassend. Deswegen hat Saul, da[25] er ein Sünder war, den David verfolgt.
David aber tötete den Saul nicht, obwohl er es gekonnt hätte. Und Esau
verfolgte den Jakob; Jakob aber besiegte durch Demut dessen Bosheit.
Und jene Elf verkauften den Joseph. Joseph aber hatte in seiner Menschenfreundlichkeit Erbarmen mit ihnen. Und was bedürfen wir vieler  20
Beispiele? Unser Herr und Erlöser, als er von den Pharisäern verfolgt
wurde, weinte über ihren Untergang. Ihm wurde Unrecht zugefügt, und
er ⟨widerstrebte⟩ nicht[26], auch nicht, als er geängstigt, und selbst nicht,
als er getötet wurde. Er trauerte aber über die, welche solches wagten.
Und er, der Erlöser, litt für die Menschheit. Jene aber wiesen das Leben   25
und das Licht und die Gnade verächtlich von sich. Dies alles nämlich
hatten sie von dem Erlöser, der für uns litt. Und wahrlich wegen ihrer
Verblendung und Blindheit[27]

---

[24]  Mskr.: Jesus.
[25]  Das Mskr. hat ܚ. (Burgess: ܚ).
[26]  ܘܗܘ ܪܕܝܦܘ ܠܐ (und wurde nicht verfolgt) kann nicht richtig sein. Zu lesen ist etwa:
      ܐܬܠܚܡ ܠܐ (drohte nicht) nach 1 Petr 2,23 oder: ܠܐ ܐܬܟܬܫ (widerstrebte nicht), was
      Cureton S. syr. 30 Z. 4 v. u. vorkommt.
[27]  Ende der Lücke bei Cureton. Der Text geht S. (47) weiter.

fol. 42 recto

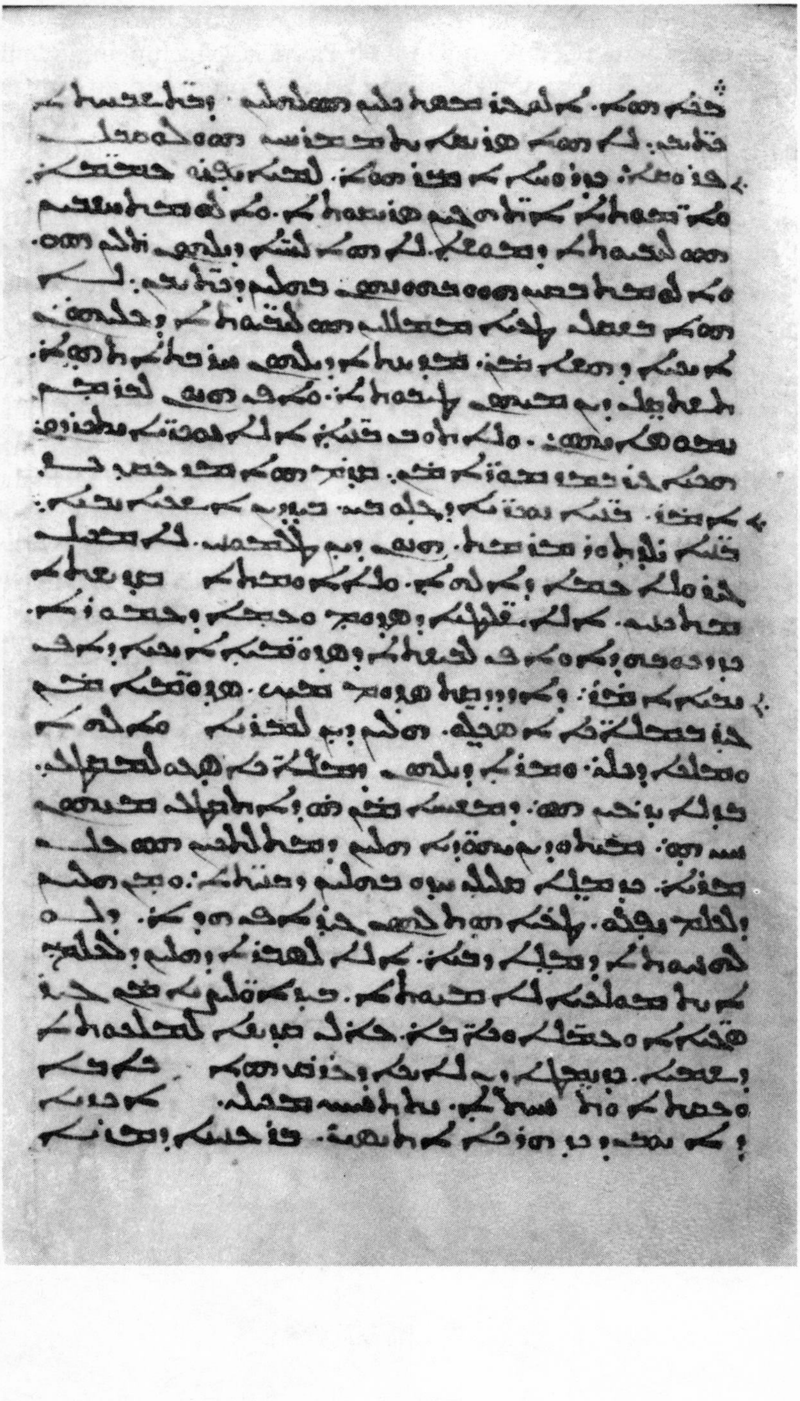

fol. 42 recto (Cureton S. (47) Z. 1 ff.)

weinte er. Denn wenn sie das verstanden hätten, was in den Psalmen geschrieben steht, hätten sie sich nicht vergeblich erfrecht gegen den Erlöser, da ja der Geist gesagt hat: »Warum tobten die Heiden und sannen
die Völker Eitles?« (Ps 2,1). Und wenn sie die Weissagung Moses bedacht
hätten, dann hätten sie nicht ihr Leben (ans Kreuz) gehängt. Und wenn   5
sie mit ihrem Verstand betrachtet hätten, was geschrieben steht, so hätten sie nicht mit Eifer die Weissagungen, die über sie ergangen sind, ⟨er-
füllt⟩[28], daß jetzt ihre Stadt wüst liegen, die Gnade aber von ihnen
genommen und sie sogar Übertreter des Gesetzes (παράνομοι)[29] sein
und nicht mehr Söhne, sondern Fremde heißen sollten. Denn so hat er   10
einerseits in den Psalmen gerufen, indem er sagte: »Fremde Söhne waren
treulos gegen mich« (Ps 17,45), andererseits durch den Propheten Jesaja:
»Söhne habe ich erzeugt und großgezogen; sie aber verwarfen mich« (Jes
1,2). Nicht sollen sie also forthin sowohl Volk Gottes als auch heilige
Nation genannt werden, sondern Fürsten Sodoms und Volk von   15
Gomorrha, da sie hierin sogar die Bosheit der Sodomiter übertroffen
haben, wie auch der Prophet sagte: »Gerechtfertigt ist Sodom eher als
du« (Klgl 4,6; Hes 16,48; vgl. Mt 10,15 par). Die Sodomiter sündigten
nämlich gegen Engel; diese aber wagten es, den Herrn und Gott und
König des Alls und Herrn der eben erwähnten Engel zu töten, weil sie   20
nicht wußten, daß Christus, der von ihnen getötet wurde, lebt[30]. Die
Juden aber, welche dem Herrn nachgestellt hatten, starben, nachdem sie
sich eine kleine Weile an diesen zeitlichen Dingen erfreut und die ewigen verloren hatten. Denn es war ihnen auch dies verborgen, daß nicht
die Lust, die eine kurze Zeit währet, sondern die Hoffnung auf die ewi-   25
gen Dinge eine unsterbliche Verheißung hat.

5 b     Freilich geht der Heilige durch viele Bedrängnisse und Mühsale
und Schmerzen ins Himmelreich ein. Wenn er aber dorthin gelangt, wo
Schmerz und Qual und Seufzen entflohen ist (Jes 35,10), wird er forthin
Ruhe genießen wie Hiob, welcher, nachdem er hier versucht wurde,   30
dann ein vertrauter Freund des Herrn

---

[28] Mskr.: ܡܡܠܠܝ (sie hätten gesprochen). Dabei wäre an Mt 27,25 zu denken. Doch ist
die Konjektur von Burgess ܡܡܠܠܝ vorzuziehen.

[29] Vgl. Athanasius, ep. ad Adelphium, MPG 26, 1072a: τῶν δὲ παρανόμων Ἰουδαίων.

[30] Garitte (s. oben Teil II,2 Anm. 35) Sp. 439 vermutet auf Grund des armenischen Textes, daß ܚܝ (lebendig) ein Fehler für ܚܝܐ (Leben) sein könnte.

fol. 42 verso

war. Wer aber die Lüste liebt, freut sich zwar kurze Zeit, danach aber hat er ein trauriges Leben erworben[31]; wie Esau, welcher, nachdem ihm eine Mahlzeit, die kurze Zeit dauerte, zuteil geworden war, dann dort (im Himmel) verurteilt wurde. (Vgl. Gen. 25, 29 ff.)

§ 6     Man könnte sagen, daß der Auszug der Kinder Israel und der   5
Ägypter aus Ägypten das Bild einer solchen Trennung[32] ist. Die Ägypter, nachdem sie sich eine kurze Weile an dem Frevel gegen Israel erfreut hatten, waren dann, als sie ausgezogen waren, alle unter der Meeresflut. Das Volk Gottes dagegen, nachdem es kurze Zeit bedrückt und mißhandelt worden war durch das Wirken fürwahr ($\mu\acute{\eta}\nu$) der Fronvögte ($\grave{\varepsilon}\rho\gamma o\delta\iota$-   10
$\acute{\omega}\varkappa\tau\alpha\iota$, Ex 3,7), durchschritt einerseits, sobald es aus Ägypten augezogen war, ohne Schaden das Meer und wanderte andererseits in der Wüste wie im bewohnten Lande. Obwohl ja die Gegend auf Grund der Lebensgewohnheit der Menschen verlassen war, so war doch durch die Gnadengabe des Gesetzes und auch den Umgang mit den Engeln der Ort dann   15
nicht mehr wüst, sondern eher sogar mehr als ein bewohntes Land. Wie auch Elisa, obwohl er dachte, daß er allein in der Wüste wäre, mit Scharen von Engeln (zusammen) war[33].

So also, nachdem das Volk zuvor bedrückt und in der Wüste war, betraten dann die, welche gläubig blieben, das gelobte Land. Auf die-   20
selbe Weise gehen auch die[34], welche hier kurze Zeit bedrängt werden, schließlich, wenn sie ausgeharrt haben, hinaus (aus diesem Leben) zur Erquickung, und die, welche hier Verfolger sind, werden zertreten, und sie haben kein gutes Ende.

Denn auch jener Reiche, gemäß der genauen Schilderung des   25
Evangeliums, nachdem er sich hier kurze Zeit prassend ergötzt hatte, hungerte dort, und nachdem er hier viel getrunken hatte, dürstete dort heftig. Lazarus aber, da er in den irdischen Dingen bedrängt worden war, wurde im Himmel erquickt (Luk 16, 19 ff.), und da er nach dem Brot, das aus Weizen geschrotet wird, gehungert hatte, ward ihm dort zur vollen   30
Sättigung etwas, das besser ist als Manna:

---

[31]  Mai schreibt ܦܢܐ (erwerbend). Die Handschrift hat jedoch ܩܢܐ (erworben habend, besitzend).

[32]  lies ܦܘܪܫܐ statt ܦܘܪܩܐ (der zu unterscheiden versteht).

[33]  Die Erzählungen über Elisa (1 Kön 19,4 ff.) und Elia (2 Kön 6,13 ff.) scheinen hier zusammengeworfen zu sein.

[34]  Mskr.: ܐܦ gegen Cureton ܐ (S. (48) Z. 9).

fol. 43 recto

fol. 43 recto

der Herr, welcher herabstieg und sprach: »Ich bin das Brot, das vom Himmel herabgekommen ist und den Menschen das Leben gibt« (Joh 6,33.51).

§ 7    Oh geliebte Freunde! Wenn aus Bedrängnis Erquickung entsteht[35], wenn aus Mühsalen Ruhe, wenn aus Krankheit Gesundheit, wenn aus Tod Unsterblichkeit, dann ziemt es nicht, sich zu betrüben über das, was während einer kurzen Zeit über die Menschen kommt; dann ist es nicht recht, erschüttert zu sein wegen der Versuchungen, die geschehen; dann ziemt es sich nicht, Furcht zu haben, wenn die Christus bekämpfende Bande (τὸ χριστομάχον ἐργαστήριον)[36] sich etwa gegen die Rechtgläubigkeit verschwört. Sondern (es ziemt sich), daß wir in solchen Umständen Gott um so mehr gefallen und solches als Prüfung und Einübung des Lebens in der Tugend betrachten. Denn wie soll jemand Geduld sehen, wenn vorher nicht Mühsale und Schmerzen sind? Oder wie soll jemand in der Tapferkeit erprobt werden, ohne daß zuvor ein Ansturm von den Feinden geschah? Oder wie soll man Tapferkeit[37] sehen, wenn nicht Schmähung und Unrecht vorhergegangen sind? Oder wie soll man in der Beharrlichkeit erprobt werden, wenn nicht Bedrückung durch die Antichristen zuvor gewesen ist? Und überhaupt: Wie soll jemand die Tugend mit seinen Augen sehen, wenn das Böse nicht vorher geschah von denen, die sehr böse sind?

So nahm es auch unser Herr und Erlöser Jesus Christus auf sich, als er den Menschen zeigen wollte, wie man leidet. Als er geschlagen wurde, trug er es in Geduld; und als er geschmäht wurde, schalt er nicht zurück; und als er litt, drohte er nicht (1 Petr 2,23), sondern er bot seinen Rücken den Schlägen dar und seine Wangen den Backenstreichen, und sein Antlitz wandte er nicht ab von der Bespeiung (Jes 50,6), und zuletzt ließ er sich willig zum Sterben führen, so daß wir das Bild aller Tugend und Unsterblichkeit in ihm ⟨sehen⟩ können[38]. Und wenn ⟨jeder einzelne von uns⟩[39] sich gemäß diesen Beispielen führt, werden wir wahrlich auf Schlangen und Skorpione treten (Luk 10,19) und auf das ganze Heer des Widersachers. So ermahnt auch Paulus,

---

[35] Mskr. fol. 43 Z. 3: ܐܒܕܘܗ ܘ ܡܐ ܡܢ ܐܩܟܪܒܠ. Cureton S. (48) Z. 11 v. u. läßt ܡܐ aus. Ich schlage vor: ܡܠܘ (Haplographie).

[36] τὸ χριστομάχον ἐργαστήριον. De syn. S. 247,12 Opitz.

[37] »Tapferkeit« ist versehentliche Wiederholung des Schreibers. Gefordert ist ἄφεσις ܠܘܚܕܡܐ oder πραότης ܡܚܘܡܚܘ.

[38] Mskr.: ܣܒܝ ܠ (uns freuen über). Ich folge der durch den Zusammenhang nahegelegten Konjektur Larsows ܠܣܒܝ (wir werden sehen).

[39] Mskr. fol. 43v Z. 27f.: ܡܚܣ ܡܚܪܟܐ ܣܒܝ ܠܠܐ. Burgess übersetzt: all of us conducting ourselves after these examples. Das trifft zwar den Sinn. Aber es steht nicht ܢܠܟ (wir alle) da, und das Partizip steht in der Einzahl. Am einfachsten wäre: ܡܚܣ ܣܒ ܠܠܐ wonach übersetzt ist.

## fol. 43 verso

[Syriac text, lines 1–30]

---

Der griechische Text von Z. 17–26 ist großenteils in dem erweiternden Zitat enthalten, das die pseudo-athanasianische Homilie De passione et cruce Domini bringt. MPG 28,205 ab:

ἵνα, ὡς αὐτὸς πάσχων, ἀβλαβῆ τὸν ἄνθρωπον πάσχοντα κατασκευάσῃ, καὶ μικρὰ μεγάλοις ἀντικαταλλάξηται. Καταβέβηκε γάρ, ἵνα ἡμῶν τὴν ἄνοδον κατασκευάσῃ · καὶ πεπείραται γενέσεως, ἵνα ἡμεῖς δι' αὐτοῦ τῷ ἀγεννήτῳ φιλιάσωμεν. Ἠσθένησε δι' ἡμᾶς, ἵνα ἡμεῖς ἐγερθῶμεν ἐν δυνάμει, καὶ εἴπωμεν, ὡς ὁ Παῦλος «Πάντα ἰσχύω ἐν τῷ ἐνδυναμοῦντί με Ἰησοῦ Χριστῷ.» (Vgl. oben Z. 13 f. Phil. 4,13). Ἔλαβε σῶμα φθαρτόν, ἵνα τὸ φθαρτὸν ἐνδύσηται τὴν ἀφθαρσίαν · ἐνεδύσατο τὸ θνητόν, ἵνα τὸ θνητὸν ἐνδύσηται τὴν ἀθανασίαν. Καὶ τέλος γέγονεν ἄνθρωπος καὶ ἀπέθανεν, ἵνα ἡμεῖς, οἱ ὡς ἄνθρωποι ἀποθνήσκοντες, θεοποιηθῶμεν, καί, μηκέτι τὸν θάνατον ἔχωμεν βασιλεύοντα · θάνατος γὰρ ἡμῶν οὐ κατακυριεύει, καὶ ὁ ἀποστολικὸς δὲ κηρύττει λόγος.

fol. 43 verso

da er nach dem Vorbild des Herrn lebte, auch uns, wenn er sagt: »Werdet
meine Nachahmer, wie auch ich Christi (Nachahmer bin)« (1 Kor 11,1).
So siegte er gegen die ganze Schlachtreihe des Teufels, da er schreibt:
»Denn ich bin gewiß, daß weder Tod noch Leben, weder Engel noch
Herrschaften[40], weder Gegenwärtiges noch Zukünftiges noch Gewalten;  5
weder Höhe noch Tiefe noch keine andere Kreatur uns scheiden kann
von der Liebe Gottes, die in Jesus Christus ist« (Röm 8,38 f.). Denn der
Widersacher nähert sich in Bedrängnissen und Versuchungen und
Drangsalen, indem er alles tut und sich Mühe gibt, daß er uns nieder-
werfe. Aber indem der Mensch, der in Christus ist, sich gegen die Feinde  10
in die Schlachtordnung einreiht und gegen Zorn Geduld setzt, und
Demut gegen Beleidigung, und gegen Schlechtigkeit Tugend, hat er
gesiegt und handelt[41], indem er spricht: »Ich vermag alles durch Christus, der mich stark macht« (Phil 4,13) und: »In dem allen siegen wir
durch Christus, der uns geliebt hat« (Röm 8,37). Das ist die Gnade des  15
Herrn, das sind die Weisungen des Herrn unter den Menschen. Denn[42]
er litt, damit er für den Menschen, der in ihm litt, Leidenslosigkeit
bereite. Er stieg herab, damit er uns hinaufführe. Er nahm die Erfahrung
der Geburt auf sich, damit wir dem Ungeborenen Freunde seien. Er stieg
in die Vergänglichkeit herab, damit das Vergängliche Unsterblichkeit  20
anzöge (1 Kor 15,53). Er wurde schwach um unsertwillen, damit wir auferstünden in Kraft (vgl. 1 Kor 15,43). Er stieg herab zum Tode, damit er
uns Unsterblichkeit schenke und die Toten zum Leben bringe. Kurz, er
ist Mensch geworden, damit wir, die wir als Menschen sterben, leben sollen und wir hinfort keinen Tod hätten, welcher herrsche. Denn der Tod  25
hat keine Gewalt über uns, verkündet das Apostelwort (vgl. Röm 6,9).

Weil sie nun diese Dinge hier nicht sahen, schlagen die Christus
bekämpfenden Ariustollen (Ἀρειομανῖται Χριστομάχοι) und Häretiker
den Erlöser mit ihren Zungen, und den, welcher befreite, lästern sie.
Und überhaupt ersinnen sie bald das Eine, bald das Andere gegen den  30
Erlöser. Und wegen seiner Erniedrigung,

---

[40] Statt ‏ܠܐܘܝ‎ (Cureton S. (49) Z. 11) ist ‏ܠܐܘܝ‎ zu lesen. Der Schreiber unterscheidet
n und j kaum.
[41] Als ptz. praesens vokalisiert (fol. 43v Zeile 13).
[42] Siehe nebenstehend den griechischen Text.

fol. 44 recto

fol. 44 recto

die um der Menschen willen geschah, leugnen sie seine natürliche Gottheit. Und indem sie ihn sehen, der von der Jungfrau ausging, zweifeln sie, ob er in Wahrheit Gottes Sohn sei; und indem sie ihn betrachten, der in der Zeit Mensch wurde, leugnen sie seine Ewigkeit, und wenn sie ihn anschauen, der für uns litt, glauben sie nicht, daß er etwa der unvergäng- 5 liche Sohn sei, der aus dem unvergänglichen Vater ist[43]. Und überhaupt: weil er um unsertwillen duldete, leugnen sie das, was seine natürliche Ewigkeit betrifft, wobei sich diejenigen in der Lage undankbar Handelnder befinden[44], welche den Helfer verachten und, anstatt die Gnade zu preisen, ihr Schmähungen zufügen, so daß man zu ihnen auch mit 10 Recht sagen kann: Oh du Undankbarer, der du mit Christus streitest! gottlos in allem und einer, der seinen Herrn tötet; der blind ist am Auge seiner Seele und Jude in seiner Gesinnung! Wenn du die Schriften verstanden und die Heiligen gehört hättest, daß die einen sagen: »Laß leuchten dein Antlitz, so werden wir erlöst« (Ps 79,4), die anderen aber: 15 »Sende dein Licht und deine Wahrheit« (Ps 42,3), dann hättest du gewußt, daß der Herr nicht seinetwegen herabgestiegen ist, sondern unsertwegen, und auch um so mehr hättest du deshalb seine Menschenliebe bewundert. Und wenn du bedacht hättest, was der Vater ist und was der Sohn, hättet du nicht gelästert, daß der Sohn auf Grund einer 20 Veränderung von ihm geschaffen ist[45]. Und wenn du die Tat seiner Menschenliebe verstanden hättest, die an uns geschah, hättest du nicht den Sohn vom Vater entfremdet und den als Fremden betrachtet[46], der uns mit seinem Vater versöhnt hat.

**10**    Ich weiß, daß dies nicht nur die Christusbestreiter, sondern auch 25 die Schismatiker[47] verdrießen wird. Denn schon haben sie sich, da sie ja Verwandtes denken, miteinander verbündet. Weil sie nämlich gelernt haben, den unteilbaren Rock Gottes (vgl. Joh 19,23 f.) zu zerreißen[48], hielten sie auch dies nicht für etwas Befremdliches, vom Vater den untrennbaren Sohn abzutrennen. Ich weiß, daß sie, wenn dies gesagt 30 wird, gegen uns mit den Zähnen knirschen werden samt

---

[43] Vgl. Athanasius, De incarn. 8, MPG 25 109a: ὁ ἄφθαρτος . . . τοῦ θεοῦ λόγος:

[44] Etwa: τὰ τῶν ἀχαριστούτων παθόντες.

[45] Ich fasse ⲣⲟⲥ, als ptz. pass. = factus, creatus (fol. 44γ Z. 19).

[46] Vgl. Arius, Thalia: ξένος τοῦ υἱοῦ κατ᾽ οὐσίαν ὁ πατήρ. Athanasius, De syn. 15, S. 242,27 Opitz. Hierzu die neue Hypothese von Ch. Kannengiesser: Les «Blosphèmes d'Arius» (Athanase d'Alexandrie, De syn. 15): un écrit néo-arien.: Mémorial A. J. Festugière — Antiquité païenne et chrétienne. Genf 1985.

[47] Die Melitianer.

[48] Dazu Ch. Kannengiesser: Le témoignage des lettres festales de S. Athanase sur la date de l'apologie Contre les païens, Sur l'incarnation du Verbe. RSR 52 (1964) 91–100.

fol. 44 verso

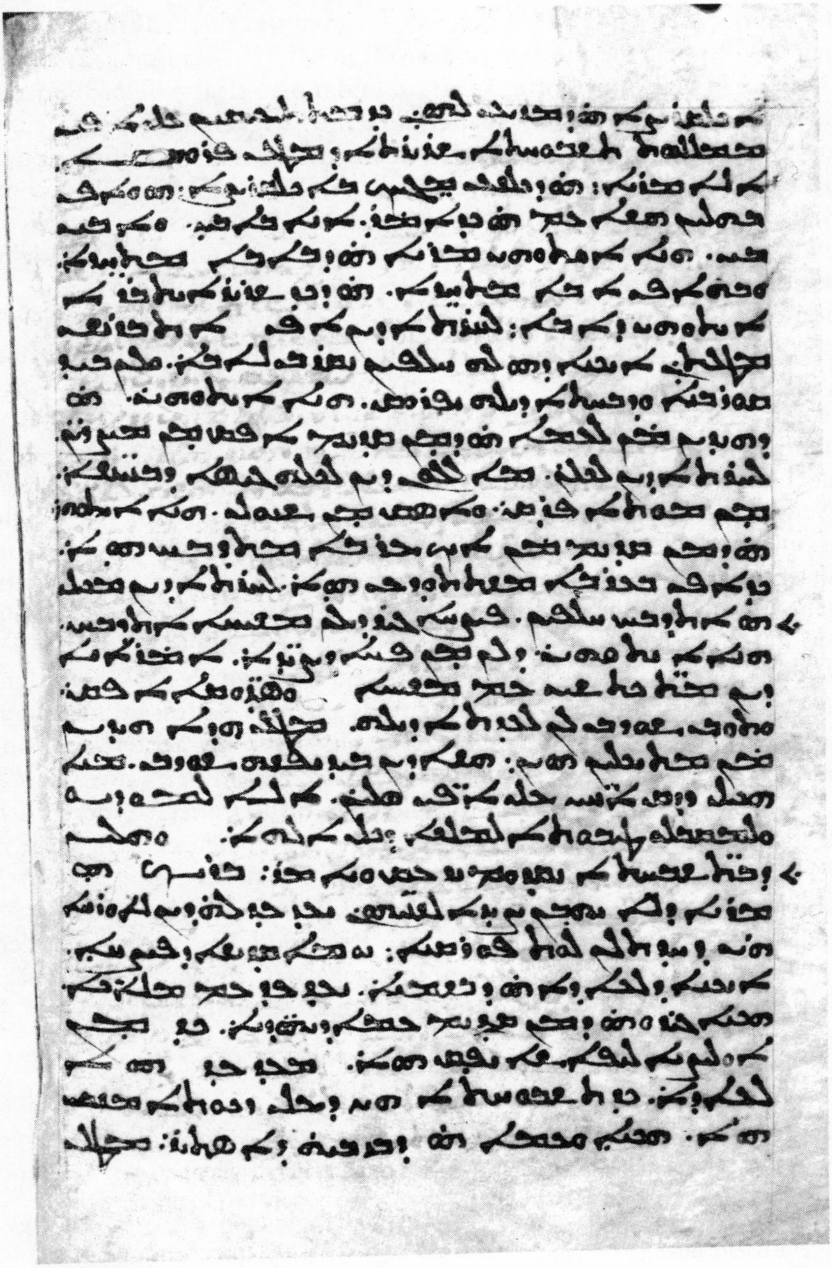

fol. 44 verso

dem Teufel, der sie antreibt, da sie Verdruß empfinden wegen der rechtgläubigen Rede über den Erlöser[49]. Aber der Herr, der jederzeit den Teufel verlacht, er verlacht ja auch sie jetzt mit jenem, indem er spricht: »Ich
bin in meinem Vater und mein Vater ist in mir« (Joh 14,11). Er ist der
Herr, der im Vater gesehen wird und in dem auch der Vater gesehen wird      5
(Joh 14,9); welcher; indem er in Wahrheit der Sohn des Vaters ist, zuletzt
(vgl. 1 Petr 1,20) aber auch Mensch wurde um unsertwillen, damit er sich
für uns dem Vater darbringe und uns durch seine Opfergabe (προσφο-
ρὰν καὶ θυσίαν, Eph 5,2) erlöse. Er ist es, welcher damals das Volk, das er
einst aus Ägypten führte, zuletzt aber uns alle, vielmehr das ganze Men-    10
schengeschlecht vom Tode erlöst hat und aus der Unterwelt heraufbrachte. Er ist es, der einst als Lamm geopfert ward, indem er auch durch
das Lamm vorbedeutet wurde; zuletzt aber wurde er dann für uns geopfert. »Denn unser Osterlamm, Christus, ist geopfert worden« (1 Kor 5,7).
Er ist es, der uns aus der Schlinge der Jäger — ich meine aber die Chistus-   15
bestreiter und Schismatiker — herausgeführt hat und uns, seine Kirche,
wiederum befreite. Deshalb waren wir damals zwar Nachstellungen aus-
gesetzt, jetzt aber hat er uns durch sein Eingreifen[49a] befreit.

11      Was also ziemt sich, meine Brüder, wegen dieser Dinge, als Gott,
dem König des Alls, Lob und Dank zu sagen? Und zuerst wollen wir die   20
Worte, die in den Psalmen stehen, rufen und sagen: »Gesegnet sei der
Herr, der uns ihren Zähnen nicht zur Beute gab« (Ps 123,6). Laßt uns
aber den Weg feiern, den er uns neu eröffnet hat (Hebr 10,20) zur Erlösung, den heiligen Ostertag, damit wir das Fest, das im Himmel ist,
(einst) mit den Engeln begehen können. Denn so feierte auch das           25
jüdische Volk der alten Zeit, als es aus der Bedrückung zu einem leichte-
ren Zustand ausgezogen war, das Fest, indem es das Loblied für den Sieg
sang (vgl. Ex 15,1–21). So hat auch das Volk, das in der Zeit Esthers lebte,

---

[49]   In dem syrischen Wort schwingt auch der Sinn »die wahre Doxologie« mit.
[49a]  Wörtlich: durch sich selbst.

fol. 45 recto

5

10

15

20

25

fol. 45 recto

dem Herrn ein Fest ausgerichtet, weil es nämlich von der Todesdrohung
erlöst worden war (Est 9,20 ff.), wobei es dies als Fest ansah, wenn es dem
Herrn Dank abstattete und ihn pries, daß es von dem einen Zustand in
den anderen gelangt war.

Also laßt auch uns — indem wir dem Herrn unsere Gelübde bezah-  5
len und unsere Sünden bekennen — dem Herrn das Fest feiern, in der
Lebensführung und in der Sitte und im Wandel (πολιτεία), unseren
Herrn lobend, der zwar ein wenig züchtigte, aber (uns) nicht völlig ver-
nachlässigte und nicht verließ und durchaus nicht über uns geschwiegen
hat. Sondern[50] auch aus dem trügerischen und geistigen Ägypten jener  10
Christusbestreiter führte er auch uns heraus, ließ uns aber durch viele
Prüfungen und Trübsale wie in der Wüste zu seiner heiligen Kirche hin-
durchschreiten, so daß wir wieder von hier (Alexandrien), wie gewohnt,
Euch Briefe senden und auch von Euch empfangen können. Aus diesem
Grunde ermahne ich um so mehr, indem ich selbst Gott danke, daß Ihr  15
mit mir danket und für mich dankt; deshalb, da dies ein apostolischer
Brauch ist und diese Christusbestreiter und Schismatiker ihn umstoßen
und abschneiden wollten[51]. Der Herr ließ es nicht zu. Sondern er
erneute und bewahrte, was von ihm durch den Apostel eingeschärft war:
daß wir sowohl zur gleichen Zeit feiern als auch zusammen miteinander  20
den Festtag halten sollen, gemäß der Überlieferung und der Weisung der
Väter.

12    Wir beginnen also mit dem Fasten der Quadragesima vom 19. im
Monat Mechir ab (13. Februar), mit dem heiligen Osterfasten aber vom
24. im Monat Phamenoth ab (20. März). Wir brechen das Fasten am 29.  25
des gleichen Monats Phamenoth (25. März) am späten Abend des Sonnabends. Und so feiern wir den (Oster-)Sonntag, der aufgegangen ist am
30. eben des Monats Phamenoth (26. März), von welchem ab wir die
Pfingstzeit (πεντηκοστή) alle sieben Wochen eine nach der anderen
feierlich begehen. Denn wenn wir über diese Dinge, wie es sich ziemt,  30
vorher nachdenken, wird es für uns möglich sein, daß wir auch der ewigen (Güter) gewürdigt werden, durch Christus Jesus unsern Herrn, durch
welchen

---

[50]   ܐܠ bei Cureton S. (51) Z. 4 v. u. ist nach dem Mskr. in ⲘⲢ zu verbessern.
[51]   Indem sie die Festbriefe des Verbannten abzufangen suchten.

fol. 45 verso

fol. 45 verso

dem Vater Ehre (δόξα) und Macht sei in alle Ewigkeit. Amen.

Grüßet einander mit dem heiligen Kuß, indem Ihr unser gedenket in Euren heiligen Gebeten. Es grüßen Euch alle Brüder, die bei mir sind[52], allezeit Euer eingedenk. Und daß Ihr gesund sein möget im Herrn, bete ich, oh geliebte Brüder, die wir über alles lieben[53]. 5

Zu Ende ist der zehnte (Brief) des heiligen Athanasius.

---

[52] προσαγορεύουσιν ὑμᾶς πάντες οἱ σὺν ἐμοὶ ἀδελφοί. Vgl. Athanasius, ep. ad Orsies. 2, MPG 26, 980 b.

[53] ἐρρῶσθαι ὑμᾶς ἐν κυρίῳ εὔχομαι, ἀγαπητοὶ καὶ ποθεινότατοὶ ἀδελφοί. Ep. ad Orsies. 2, MPG 26, 980 bc. Hinweis von Larsow.

## 2. Gegliederte Übersicht

Zur Erschließung des Aufbaus und der Hauptgedanken des 10.
Briefes gebe ich eine kurze gegliederte Übersicht.

I. Rückblick auf die vergangenen Leiden
   a) Auch in der Verbannung und Verfolgung geschah die Oster-
      ansage durch Athanasius        fol. 39r Z. 18–39v Z. 12
   b) Denn selbst bei räumlicher Trennung feiert die betende Ge-
      meinde gemeinsam, vereint durch den Christus praesens
                                       fol. 39v Z. 12–26
   c) Die Ruhe der Errettung ist in Erinnerung des Erlittenen die
      passende Zeit des Dankens an Gott fol. 39v Z. 26–40r Z. 22

II. Errettung und Erlösung durch die Menschenliebe Gottes
   a) Vielfalt der Erlösungstätigkeit des Logos
                                       f. 40r Z. 22–40v Z. 17
   b) Sie wird von Paulus nachgeahmt   f. 40v Z. 17–28
   c) Sie wird belegt durch die Vielfalt der Frucht auf dem Acker
      der Kirche                       f. 40v Z. 28–41r Z. 16
   d) Der Teufel und die Seinen sind davon ausgeschlossen und
      entfernt                         f. 41r Z. 16–26

III. Annäherung an Gott und Entfernung von ihm
   a) Allgemein: durch Tugend oder Bosheit
                                       f. 41r Z. 26–41 v Z. 16
   b) Biblische Beispiele für beides   f. 41v Z. 16–21
   c) Hauptbeispiel: der Herr und die Verachtung der ewigen Er-
      lösung und der Weissagungen durch die das Zeitliche lie-
      benden Juden                     f. 41v Z. 21–42r Z. 25

IV. Der Gegensatz zeitlicher Lust und ewiger Erlösung
   a) Leiden und Lust bei den Heiligen und bei den Gottlosen
                                       f. 42r Z. 25–42v Z. 4
   b) Der Auszug aus Ägypten als Beispiel dieses Gegensatzes
                                       f. 42v Z. 4–23
   c) Der Reiche und der arme Lazarus als weiteres Beispiel
                                       f. 42v Z. 23–43 r Z. 2

V. Nutzanwendung
   a) Zeitliche Leiden als Vorstufe ewiger Freude bei Bewährung
                                       f. 43r Z. 2–19

b) Der Erlöser als Vorbild rechten Ertragens der Leiden
f. 43r Z. 19–29
c) Paulus als Vorbild des Kampfes gegen den Teufel
f 43r Z. 29–43v Z. 15

VI. Die Menschwerdung des Erlösers
a) Überwindung von Leiden, Vergänglichkeit und Tod durch die Menschwerdung f. 43v Z. 15–26
b) Menschwerdung und Leiden des Gottessohnes als Anlaß der arianischen Lästerung des Erlösers
f. 43v Z. 26–44r Z. 23
c) Darlegng der rechten Christologie gegen die Arianer
f. 44r Z. 23–44v Z. 15

VII. Epilog
a) Die wunderbare Errettung des Athanasius als Hinweis auf die österliche Erlösung und auf Danksagung als rechte Osterfeier f. 44v Z. 15–45r Z. 20
b) Fastenansage und Grußformel f. 45r Z. 20–45v Z. 7

Aus dieser Übersicht geht klar hervor, daß der 10. Festbrief ein Stück aus einem Guß ist und in Alexandrien nach der Rückkehr aus Trier geschrieben wurde. Kaiser Konstantin II. hatte die Verbannung am 17. Juni 337 aufgehoben. Die Übersicht weist auch auf das Material zur theologischen Würdigung des Briefes hin.

# V. Theologischer Gehalt und Würdigung des Briefes

## 1. Zur Beurteilung der Festbriefe des Athanasius

a) Sind Athanasius' Osterbriefe ein »Konglomerat von homiletischen Trivialitäten mit massenhaften Bibelzitaten«[1]? Ein solcher Eindruck kann nur entstehen, wenn man die Briefe in einem Zuge hintereinander durchliest. Dazu waren sie aber nicht bestimmt, erstreckten sie sich doch über Jahrzehnte[2].

In der Regel beginnen die Briefe mit dem Hinweis auf das nahende Osterfest. Doch setzt der Bischof auch gern mit einem Pauluszitat ein[3]. Die Gedankenfolge erscheint zunächst wie eine lose Aneinanderreihung. Der Schreiber geht einem Gesichtspunkt, der (etwa durch ein Bibelzitat) neu auftaucht, nach und gerät so auf Seitenpfade, oder er folgt seinem Hang zur streitbaren Herausstellung von Gegensätzen. Der immer gleiche Anlaß, das Osterfest, machte Wiederholungen unvermeidlich. Betrachtet man aber jeden Brief für sich und vergleicht ihn dann mit den anderen, so stellt sich heraus, daß Athanasius aus dem überlieferten, gleichbleibenden Inhalt des Osterfestes jeweils bestimmte Dinge hervorhebt oder die Beziehung des Glaubenden zur Osterbotschaft neu beleuchtet und diese Betrachtungsweise in der Art eines Leitmotivs verwendet. Diese Leitmotive verdichten sich zuweilen geradezu zu einem »Thema«, sind aber stets wie ein Band durch den Brief gewirkt und halten ihn zusammen. So gewinnt jeder Osterbrief ein eigenes Gesicht. Athanasius hat Mannigfaltigkeit in der Einheit bewahrt und die schwere Aufgabe, mehr als vierzigmal über denselben Gegenstand zu schreiben, mit Würde gelöst.

b) Zur Veranschaulichung nenne ich eine Reihe dieser «Leitmotive«. Das vermittelt einen Eindruck von den Ostergedanken des Bischofs, obwohl natürlich viele Seitenthemen unerwähnt bleiben müssen[4].

---

[1] E. Schwartz, Zur Geschichte des Athanasius VIII. NGWG 1911, S. 367f. (= Ges. Schriften III, 188 f.).

[2] Schärfere Kritik an E. Schwartz übt M. Tetz, A. und die Einheit der Kirche. ZThK 81 (1984) auf S. 205 ff.

[3] So in epp. 11; 7 (= 18 chronologisch); 19.

[4] Die Briefe werden mit den Ziffern der alten Ordnung, aber in der oben festgestellten chronologischen Abfolge angeführt.

Ep. 1 (für 329): Die Posaune der Festzeit ruft (in Erfüllung des AT) zu Festen, Fasten und Krieg — zum Krieg gegen dämonische Mächte und zum Kampf mit sich selbst in Selbtverleugnung; zum Fasten, das in erster Linie ein Fasten der Seele ist (statt der Speise des Lasters die Nahrung des vom Himmel gestiegenen Brotes Christus); zum Fest des Osterlammes Christus.

Erwähnung verdient, daß Athanasius hier bei aller Einschärfung des Fastens die Kritik der Propheten und des Evangeliums (Lk 18.12) an einem bloß rituellen Fasten aufnimmt. Der Brief ist von einem antiken Herausgeber mit der Überschrift »Über Fasten, Trompeten und Feste« versehen worden.

Ep. 24 (chronologisch Nr. 2 für 330):
Die Absonderung von der Unruhe der Menschen und der Gottlosen macht zum Freunde Gottes und ist Aufstieg zur Ruhe und zum wahren Glück des ewigen Festes in der himmlischen Stadt.

Wir hören hier einen Nachhall der alexandrinischen Religionsphilosophie, der auch bis ins Mönchtum gedrungen ist.

Ep. 14 (chronologisch Nr. 3 für 331):
Laßt uns zum Glück des Festes *eilen*, nicht (wie die Juden) zu »Schatten« (typoi), sondern zum Herrn, der unser Fest ist.

Ep. 4 (für 332, nach dem Scheitern der melitianischen Klage gegen Athanasius bei Hofe):
Wir feiern das Osterfest durch Anstimmen des Siegesliedes (wie nach dem siegreichen Auszug des Mose aus Ägypten und den Siegen Judiths und Esthers), des neuen Liedes für die Überwindung der Feinde und des Todes durch die Gnade des Herrn.

Ep. 5 (für 333):
Die *Gnade* des von Gott gesetzten Festes, an dem er uns im Gebet vereint, ist immer nahe (nämlich die Befreiung der Welt durch das Blut des Sohnes) und ruft zur Dankbarkeit, indem wir das, was Gottes Gnade uns gibt, Tugend und Heiligkeit, ihm erstatten.

Ep. 10 (wird unten besprochen).

Ep. 11 (für 339):
Wer dem von Paulus und Mose gezeigten Weg, der von der Gotteserkenntnis (und vom Wort von Christus) zur Tugend und zum wahren Glück führt, folgt, kann das Osterfest feiern.

Ep. 13 (von Rom, für 341):
Trotz Verfolgung durch die Häretiker feiern wir das Fest. Denn unser Leben ist eine Prüfung, auf daß wir Miterben der Heiligen werden. Auch der Heiland erlöste durch Leiden.

Ep. 3 (chronologisch Nr. 14 für 342):

Ostern ist der Tag anhaltenden Gebets; das uns vereint; durch die Gnade des Wortes und Geistes Frucht bringt; dankend lobpreist auch in der Bedrängnis.

Ep. 6 (chronologisch Nr. 17 für 345):

Das Osterfest ist nicht Halten eines Tages (Gal 4,10), sondern Feier des Opfers Christi, so daß wir nicht mehr uns selber leben, sondern ihm.

Ep. 7 (chronologisch Nr. 18 für 346):

Indem wir in der Nachfolge des Paulus das Sterben Jesu an unserm Leibe tragen (2 Kor 4,10), begehen wir das Fest, an dem des Todes unseres Herrn gedacht wird: wir kreuzigen und töten das Fleisch, aber leben in Christus durch den Geist des Glaubens.

Ep. 19 (für 347):

Das Osterfest gehört uns, nicht den Juden, und Christus ist das Osterfest (Passah) (1 Kor 5,7).

Ep. 20 (erhaltener Teil; für 348):

Wir feiern den Tod Jesu als Fest, weil uns dadurch Ruhe und Stillung allen Durstes zuteil wird.

Ep. 2 (chronologisch Nr. 24, für 352):

Die Kraft des Osterfestes entfaltet sich im Wandel in der Nachfolge nach dem Vorbild der Menschenfreundlichkeit des Heilands und in Nachahmung der Heiligen.

## 2. Analyse des 10. Briefes

Im 10. Festbrief ist das »Leitmotiv« zu einem Thema ausgestaltet. Athanasius blickt zurück auf die vergangene Zeit der Verbannung und Drangsal und zugleich hin auf das nahende Osterfest. So könnte man als Thema über den Brief schreiben: »Schicksalswende und Osterfest«. Dieses Thema wird nicht nach einem vorher entworfenem Plan abgehandelt, sondern schreibend oder diktierend kommt der Bischof von Gedanke zu Gedanke. Doch waltet in dem Ganzen die Folgerichtigkeit eines klaren und überlegenen Geistes, der seinen Gegenstand nicht aus dem Auge verliert und immer tiefer in denselben eindringt.

a) Die Einleitung geht von einer erinnernden Lagebeschreibung aus. Verbannung und Verfolgung erschwerten dem Bischof die Osteransage und machten ihm die gemeinsame Feier mit seiner Gemeinde unmöglich. Aber Ostern ist das Fest Christi. Er, der Spender des Geistes (Ostern, zu dem ja die Wochen der Pentekoste gehören, hat damals auch noch den Festinhalt des späteren Pfingsttages), ist bei denen, die an verschiedenen Orten in seinem Namen versammelt sind, und schließt sie, die dasselbe denken und beten, zur Einheit zusammen. Im Feste Christi stellt sich die Einheit der Kirche dar (§ 1–2 fol. 39r–39v).

Das »Kirchenmotiv« kehrt immer wieder: Christus rettet, indem er sein Wort auf dem Acker der Kirche sät (§ 4b fol. 40v); die Häretiker wollen die gemeinsame Osterfeier der Kirche und ihres Bischofs verhindern (§ 11f. 45r); Gott befreite die Kirche (§ 10f. 44v) und führte Athanasius zu seiner Heimatkirche zurück. Zum »Thema« ist also noch ein Untertitel hinzuzufügen: »Schicksalswende und Osterfest im Hinblick auf das Leben der Kirche«.

b) Wie setzt nun Athanasius sein Schicksal und Ostern in Beziehung zueinander? In der jetzt gewonnenen Ruhe erinnert er sich des vergangenen Schmerzes und empfindet Dankbarkeit gegen Gott. Das ziemt sich für alle Menschen in gleicher Lage, und es ist eine natürliche Regung des Herzens. Aber es gibt auch Undankbare. Die Frommen des Altes Bundes dagegen, Hiskia und die drei Männer im feurigen Ofen, dankten und priesen Gott, als in der Ruhe die Qual ferne von ihnen war. Indem wir ebenso handeln, sind wir eingereiht in die göttliche Schar, von der die Undankbaren ausgeschlossen werden. Damit hat Athanasius eine Vertiefung des Dankens erzielt und geht zur Betrachtung des rettenden Handelns Gottes über (§ 3 fol. 39v–40r). Aber gegen Ende seines Briefes (§ 11 fol. 44v) kommt er nochmals auf das Danken zu sprechen. Er stellt fest, daß Dank und Lob zum Inhalt des Osterfestes gehören. Denn nach der Rettung aus Ägypten sang Moses das Siegeslied und dankte, als Gott Rosse und Reiter ins Meer gestürzt hatte. Athanasius bewegt sich hier innerhalb der altchristlichen Ostertypologie, die an Ex 12ff. anknüpft. In der christlichen Osterfeier hatte seit früher Zeit die Verlesung und Erklärung der Geschichte von der Stiftung des Passahfestes und dem Auszug aus Ägypten (Ex 12ff.) ihren Platz[5]. Athanasius sieht nun seine eigene Rettung in Analogie zur Befreiung der Kinder Israel aus Ägypten[6]. Sein Dank entspricht dem Loblied des Mose (Ex 15,1–21). So deutet er seine Schicksalswende im Lichte der Ostertypologie.

---

[5]  Vgl. Melito v. Sardes »Über das Passah« § 1 S. 2 Hall. – Huber, Passah und Ostern, S. 31f. und Register s.v. Exodus. Die Frage nach jüdischem Ursprung dieses Brauchs behandelt St. G. Hall, Melito in the Light of the Passover Haggadah. JThS 22 (1971) 29–46. Seit dem Aufkommen der Ostervigil fand die Lesung in dieser statt (mit Ausnahme Roms), s. Hall in seiner Melitoausgabe S. XXVI.

[6]  § 11 fol. 45r.

Er hatte diesen Gedanken schon im Jahre 332 entwickelt, als er am Hofe Konstantins die Anklage der Melitianer abgeschlagen hatte und im 4. Festbrief zum Singen von Moses Siegeslied aufforderte. Aber jetzt im 10. Brief ist der Ton des Triumphes gedämpfter, das theologische Denken dringt tiefer. Die Erfahrungen waren leidvoller gewesen als damals, und der willensstarke Bischof hatte Tage des Zagens und der Anfechtung erlebt[7].

Im Danken fließen Schicksalswende und Inhalt des Osterfestes zusammen.

c) Untrennbar vom Danken ist sein Grund: das rettende Handeln des menschenfreundlichen Gottes. Es geschah damals an den Heiligen der alten Zeit und in der allgemeinen Erlösung des Menschengeschlechtes und jetzt an Athanasius.

α) Kennzeichen des rettenden und erlösenden Wirkens Gottes sind Kraft und unbeschränkter Reichtum. Gott handelt durch den Logos. Das Rettungswerk besteht in Heilung und Erziehung (von »Milch« zu »fester Speise«)[8]. Athanasius folgt hier nicht nur Paulus, sondern auch Origenes. Der Logos paßt sich (wie bei Origenes) der Art und dem Vermögen jeder Seele an und erzielt deshalb auf dem Acker der Kirche einen verschieden reichen Ertrag[9].

β) Denen, welche diese himmlische Erlösung zuteil wird, stellt Athanasius nun das Gegenbild entgegen: den Teufel und sein Heer. Das entspricht dem einen Brennpunkt seines »Themas«. Die vergangene Drangsal wurde ja von Gegnern, welche (wie Athanasius sagt) vom Teufel angetrieben sind, herbeigeführt. Der Gegensatz wird erst allgemein bestimmt (Licht — Finsternis, Tugend — Sünde), dann biblisch veranschaulicht. Auf der Lichtseite steht der Psalmensänger, Hiob, David, Paulus, Jakob, Joseph. Sie sind gläubig und menschenfreundlich und

---

[7]   Siehe den melitianischen Papyrus, Brit. Mus. Nr. 1914 bei Bell, Jews and Christians in Egypt, S. 59 Z. 29: Ἀθανάσιος δὲ μεγάλως ἀθυμῖ (= ἀθυμεῖ) und S. 60 Z. 37–41 (Schwanken vor der Abreise nach Tyrus). Vgl. K. Holl, Ges. Aufsätze 2, S. 290.

[8]   § 4a fol. 40v. Der Logos bedrängt das Wollen nicht über Vermögen, denn er will jeden retten, § 4b fol. 41r.

[9]   Die Origenesstellen zur Anpassung des Logos hat Hal Koch, Pronoia und Paideusis, S. 67–70 gesammelt und besprochen. — Die Deutung des Ackers im Gleichnis vom Sämann auf die Kirche (obwohl es Mt 13,38 heißt: der Acker ist die Welt) findet sich auch bei Origenes (Matthäuskommentar, Werke Bd. 10 (GCS Bd. 40) S. 2,24f. Klostermann); ebenso die Auslegung der dreißig-, sechzig-, hunderfältigen Frucht auf die verschiedenen Grade der Tugend; zudem die Ansicht, daß der Logos sich ihrer aller annimmt, Origenes a.a.O. Frg. 295, Werke Bd. 12 (GCS 41) S. 132 Klostermann. Des Origenes Erklärung von Mt 13 ist leider nur unvollständig erhalten.

nehmen sich der Schwachen an. Auf der anderen Seite sind der Teufel, die vom Glauben Abtrünnigen, Saul, Esau, Josephs Brüder — alles menschenhassende Verfolger. Die Beschreibung dieses Phänomens der Trennung gelangt zu ihrem Höhepunkt mit dem Zusammenstoß zwischen dem Erlöser und den Pharisäern. Der Heiland litt für die Menschen, die Juden aber verachteten die Gnade.

γ) Hiermit ist der »Karfreitagsinhalt« des damaligen Osterfestes (Athanasius ist hierin noch altertümlich)[10] erreicht, und der Bischof gibt sich der bei Osterbetrachtungen üblichen Anklagerede gegen die Juden hin[11].

δ) In der Beschreibung der Leiden des Erlösers vertieft Athanasius nochmals die Betrachtung der Scheidung unter den Menschen und dringt zu ihrem Grunde vor. Der Erlöser eröffnete die Hoffnung der ewigen Dinge; die Juden und ihre Gesinnungsgenossen aber lieben die Lust des Zeitlich-Irdischen (§ 4–5a fol. 40r–42r).

d) Jetzt geschieht der nächste Gedankenschritt. Die Heiligen, welche das Himmelreich erwählt haben, müssen durch Drangsal und Schmerz hindurchgehen. Damit wird die Passahtypologie weitergesponnen und das Motiv des »Durchgangs« angeschlagen, das seit Origenes zu ihr gehört (Passah = διάβασις, transitus) und aus Philo übernommen wurde[12]. Athanasius betrachtet die Knechtschaft der Kinder Israel in Ägypten, ihren Durchzug durchs Rote Meer und durch die Wüste bis zum Eintritt derer, welche gläubig blieben, ins gelobte Land und nach Jerusalem nicht nur als Bild der Trennung zwischen dem Volke Gottes und den Verfolgern, sondern auch als Bild des Übergangs von der Trübsal zur ewigen Freude der himmlischen Stadt. Der Stiftung des Passah in Ex 12 gedenkt Athanasius hier nicht, obwohl ihm die Entsprechung zwischen dem Schlachten des Passahlamms und Christi Kreuzestod geläufig ist[13].

Der Durchgang von Drangsal zur Ruhe, vom Tod zur Unsterblichkeit ist ein Trost in der Verfolgung und eine Einübung in der Tugend. Der Erlöser Jesus Christus ist hier Vorbild im Ertragen der Leiden und

---

[10] Zum späteren Auseinandertreten von Karfreitag und Ostern s. Huber, Passah u. Ostern, S. 186ff.

[11] Siehe Melito, Über das Passah §§ 72–99, S. 38ff. Hall. — Huber a.a.O. S. 135ff.

[12] Die Nachweise bei Huber, Passah und Ostern, S. 119ff.

[13] Siehe § 10 fol. 44v, wo 1 Kor 5,7 zitiert wird: τὸ πάσχα ἡμῶν ἐτύθη χριστός. Die Deutung des Durchzugs durchs Rote Meer auf das Sakrament der Taufe fehlt. Vgl. Huber S. 121ff.

Überwindung des Widersachers, das (wie Paulus es tat) nachzuahmen ist[14] (§ 5b–8 fol. 42r–43v).

e) Daran knüpfen sich christologische Ausführungen, zuerst in Polemik gegen Arianer (und Melitianer), dann in Darlegung der rechtgläubigen Lehre, die in den Hinweis auf den Opfertod Christi als Osterlamm einmünden. Das soll unten näher besprochen werden (§ 9–10 fol. 43v–44v).

f) Den Abschluß des Briefes bildet die Wiederaufnahme des »Durchgangsmotivs«. Athanasius und die Kirche sind durch Trübsal hindurch gerettet worden, und so können wir (nach innerer und äußerer Vorbereitung), ausschauend auf das künftige himmlische Fest, Ostern als Weg zur Erlösung und als Dankesfest feiern (§ 11–12 fol. 44v bis 45v).

Die enge Verbindung von Theologie und Lebensschicksal, welche in diesem Briefe zu Tage tritt, ist für die Beurteilung des Athanasius ungemein wichtig. Kennzeichnend ist auch der Denkstil. Er schreitet nicht suchend, in Aporien zweifelnd und forschend voran, wie man das bei Origenes beobachtet, dessen Erwägungen dadurch zuweilen etwas Schillerndes erhalten. Nein, Athanasius weiß von vornherein, was er zu sagen hat, unangefochten von Zweifel an seiner Sache. Sein Nachdenken gilt der immer klareren Erfassung und Einprägung eines Satzes oder Grundsatzes. Er geht von einer Lebenserfahrung, einem allgemein einleuchtenden Tatbestand, einer Überlieferung, einem Schriftwort aus, veranschaulicht das an biblischen Gestalten, vertieft es durch das biblische Wort, insbesondere durch das Wort des Paulus. Es ist ein jeweils auf einen Punkt gerichtetes, in die Tiefe dringendes Denken, gleichsam eine fides quaerens perspicuitatem.

## 3. Erlösungslehre im 10. Festbrief

Aus der Analyse geht hervor, daß die Beziehung zwischen Schicksalswende und Osterfest, welche im Danken hergestellt wird, in der Erlösungslehre des Athanasius gründet. Ich nenne die wichtigsten Aussagen des Briefes zu dieser Lehre.

a) Die Erlösung ist eine Tat der Macht (δύναμις) und Menschenliebe (φιλανθρωπία) Gottes. Die Macht Gottes ist erhaben über die

---

[14] Auf die Bedeutung der imitatio sanctorum für Athanasius wies M. Tetz hin: Zur Biographie des Athanasius, ZKG 90 (1979) 329 ff.

Geschöpfe, nicht geschaffen, anfangslos, ewig und reich[15]. Die Erlösung
wird durch den Logos ausgeführt, und zwar »damals« in der allgemeinen
Erlösung des Menschengeschlechts[16] wie auch heute: in der Errettung
der Kirche (Schicksalswende des Athanasius); in der Tätigkeit des Logos
in den einzelnen Seelen[17] und innerhalb der Kirche als Sämann der
Gnade und des Wortes[18] und als Spender des Geistes[19]. Er läßt sich zu
allen herab und weist ihnen den Weg der Tugend und Menschenliebe,
der zu Gott führt[20]. Er zeigt ihn durch das Beispiel seines Leidens[21].
Aber das ist nicht bloß Gebot und Weisung, sondern Gnade (χάρις)[22].
Denn der Herr hat uns in seiner Menschenliebe[23] den Weg zur Erlösung
auch wirklich neu eröffnet (Hebr 10,20)[24].

b) An zwei Stellen des Briefes faßt Athanasius seine Erlösungslehre zusammen.

»Denn er litt, damit er für den Menschen, der in ihm litt, Leidenslosigkeit (ἀπάθειαν) bereite. Er stieg herab, damit er uns heraufführe
(τὴν ἄνοδον κατασκευάσῃ). Er nahm die Erfahrung der Geburt auf sich,
damit wir dem Ungeborenen (τῷ ἀγεννήτῳ) Freunde seien (φιλιάσωμεν). Er stieg in die Vergänglichkeit herab, damit das Vergängliche (τὸ
φθαρτόν) Unsterblichkeit[25] anzöge. Er wurde schwach um unsertwillen,
damit wir auferstünden in Kraft (vgl. 1 Kor 15,43). Er stieg herab zum
Tode, damit er uns Unsterblichkeit schenke und die Toten zum Leben
bringe. Kurz, er ist Mensch geworden, damit wir, die wir als Menschen

---

15  § 4a fol. 40r–40v.
16  § 4a fol. 40r.
17  § 4a fol. 40r–40v.
18  § 4b fol. 40v–41r.
19  § 2 fol. 39v.
20  § 4bc fol. 41r–41v.
21  § 7 fol. 43r.
22  § 8 fol. 43v (Zeile 15f. syrischer Text).
23  § 9 fol. 44r.
24  § 10 fol. 44v.
25  Statt ܠܐ ܡܚܒܠܘܬܐ ist mit Sicherheit ܠܐ ܡܬܚܒܠܢܘܬܐ (ἀφθαρσία) zu lesen, nach 1 Kor
    15,53 und dem »Zitat« unserer Stelle in der pseudoathanasianischen Homilie De
    passione et cruce domini, welches oben zu fol. 43v abgedruckt ist. Burgess (s. die
    Bibliographie) S. 75 nimmt den Ausfall einer Zeile im 10. Brief anhand dieses
    »Zitats« an, doch ist auf dasselbe kein Verlaß, da es den Athanasiustext umstellt und
    ergänzt. Man kann aus ihm mit Sicherheit nur einige griechische Begriffe des Urtex-
    tes (oben in Klammern beigefügt) gewinnen. Die syrische Übersetzung von De pas-
    sione et cruce domini bietet an dieser Stelle eine Parallele zu Fetzen des syrischen
    Festbrieftextes und erweist sich als weniger zuverlässig. Athanasiana syriaca III ed. R.
    W. Thomson, CSCO 324, Löwen 1972, S. 104, 5–17.

sterben, leben sollen und wir hinfort keinen Tod (mehr) hätten, welcher herrsche. Denn der Tod hat keine Gewalt über uns, verkündet das Apostelwort« (vgl. Röm 6,9)[26].

Und die zweite Stelle:
». . . der, welcher in Wahrheit der Sohn des Vaters ist, zuletzt (vgl. 1 Petr 1,20) aber auch Mensch wurde um unsertwillen, damit er sich für uns dem Vater darbringe und uns durch seine Opfergabe (Eph 5,2) erlöse. Er ist es, welcher damals das Volk, das er einst aus Ägypten führte, zuletzt aber uns alle, vielmehr das ganze Menschengeschlecht vom Tode erlöst hat und aus der Unterwelt heraufbrachte. Er ist es, der einst als Lamm geopfert ward, indem er ja durch das Lamm vorbedeutet wurde; zuletzt aber wurde er dann für uns geopfert. 'Denn unser Osterlamm, Christus, ist geopfert worden' (1 Kor 5,7). Er ist es, der uns aus der Schlinge der Jäger . . . herausgeführt hat . . . Laßt uns den Weg feiern, den er uns neu eröffnet hat (Hebr 10,20) zur Erlösung, den heiligen Ostertag, damit wir das Fest, das im Himmel ist, (einst) mit den Engeln begehen können«[26a].

An beiden Stellen arbeitet Athanasius mit rhetorischen Mitteln — in der ersten mit Antithesen, in der zweiten mit der Redefigur der Anapher: er wiederholt die Worte »er ist es, der . . .« jeweils am Beginn mehrerer Sätze (soweit man nach dem syrischen Text urteilen kann).

Inhaltlich besagen sie, daß die »allgemeine« Erlösung in der Menschwerdung des Sohnes und Logos Gottes und in seinem Opfertod für uns besteht, welche für »den Menschen, der in ihm litt«— das ist die Menschheit — die Unvergänglichkeit erwarb und ihn wieder zum Gottesfreund machte. Begründet wird das nur allgemein mit seiner göttlichen Macht. Die in De incarnatione erörterte Frage, wieso die Annahme eines Leibes durch den Logos sich auf die gesamte Menschheit auswirke, hatte in einem Gemeindebrief keinen Platz. Die Inkarnation ist die Voraussetzung und der Beginn der Erlösung, vollendet wird sie durch den Opfertod.

c) Das sind Gedanken, welche Athanasius in dem Doppelwerk »Gegen die Heiden« und »Über die Menschwerdung« entfaltet hat. Wir finden in De incarnatione die Menschenliebe (φιλανθρωπία) des Logos, der herabsteigt in unsere Vergänglichkeit (φθορά)[27]; seine Macht, die das, was Menschen für unmöglich halten, als möglich erweist[28]; die

---

[26]   § 8 fol. 43v. Zeile 17 ff.
[26a]  § 10 fol. 44v Zeile 6 ff.
[27]   De inc. 8 Z. 25–30, S. 152 Thomson und oft.
[28]   De inc. 1 Z. 16 f., S. 134 Thomson; vgl. ep. 10 § 3 fol. 40r.

Gnade (χάρις) des Erlösers, die den Tod vernichtet hat[29]; die Eröffnung des Weges zum Himmel, dessen Tore aufgetan werden, und den Sturz des Teufels[30]. Die pädagogische Herablassung des Logos zum Fassungsvermögen der Menschen ist im 10. Briefe deutlicher dargestellt, jedoch auch in De incarnatione angesprochen. Wer heilen[31] und lehren will, muß so erscheinen, daß die Bedürftigen Nutzen haben und es ertragen können[32].

Die oben angeführten Hauptstellen des 10. Briefes zur Erlösungslehre ähneln den Zusammenfassungen dieser Lehre in De incarnatione[33]. Einige Beispiele mögen dies zeigen.

Der Erlöser ist in Wahrheit Sohn Gottes (θεοῦ υἱὸς ἀληθινός), des Vaters Logos, Weisheit, Macht, »der in der Zeit zuletzt zur Rettung aller einen Leib annahm und die Welt über den Vater belehrte, den Tod vernichtete und allen die Unvergänglichkeit (ἀφθαρσίαν) schenkte durch die Verheißung der Auferstehung«[34].

»Durch den Tod (des Erlösers) kam die Unsterblichkeit zu allen . . . Denn er (der Logos) wurde Mensch, damit wir vergöttlicht würden. Und er offenbarte sich durch einen Leib, damit wir einen Begriff (ἔννοιαν) des unsichtbaren Vaters empfingen. Und er ertrug die Beleidigungen durch Menschen, damit wir die Unvergänglichkeit ererbten«[35]. — »Das Vergängliche zur Unvergänglichkeit zu wandeln«. — »Das Sterbliche unsterblich auferstehen lassen«. — »Brachte für alle das Opfer dar«[36].

Inhaltlich und stilistisch in der Antithetik der Begriffe (φθορά — ἀφθαρσία usw.) wie in der Zuordnung von Erlösertat und Erlösungswirkung (»er stieg herab, damit . . .«) ist die Nähe des 10. Briefes zu De incarnatione deutlich. Er setzt ganz offensichtlich die Ergebnisse dieser Schrift voraus und bietet sie in einer einprägsamen und für das Volk geeigneten Auswahl dar. An sich wäre es möglich, daß De incarnatione schon lange Zeit vorlag und Athanasius darauf zurückgegriffen hat. Sieht man sich nun die Festbriefe an, welche vor dem 10. Brief liegen, so spricht der Bischof dort von der Entmachtung des Todes, dem für uns

---

[29] De inc. 21 Z. 9, S. 184 Thomson.
[30] De inc. 25 Z. 30 ff., S. 196 Thomson. — Ep. 10 § 4b fol. 41r (Teufel; Tore des Himmels).
[31] Heilen: ep. 10 § 4a fol. 40v.
[32] De inc. 43 Z. 4–8, S. 240; 15 Z. 1 ff. S. 168 Thomson.
[33] De inc. 8 Z. 22–30, S. 152; 32 Z. 27–33 S. 212; 54 Z. 8–17, S. 268 Thomson.
[34] De inc. 32 Z. 26–30, S. 212 Thomson.
[35] De inc. 54 Z. 8–14, S. 268 Thomson.
[36] De inc. 20 Z. 3. 6. 14, S. 182 Thomson.

vorhandenen Weg zum Himmel und dem Sturz des Teufels[36a], vom
Opfer Christi. Das alles gehört zur überlieferten Thematik des christlichen Passahfestes.

Eine antithetische Erlösungs- oder Inkarnationsformel in der Art
von De incarnatione und des 10. Briefes begegnet im 3. Brief für 331 (=
ep. 14 alter Ordnung):

»Er, der das Leben war, starb, damit er uns lebendig mache; er, welcher das Wort ist, war im Fleisch, damit er das Fleisch durch das Wort
erziehe; und er, der die Quelle des Lebens ist, dürstete mit unserem
Durst, damit er uns deswegen zum Fest dränge, indem er sagt: Wenn
jemand dürstet, so komme er zur mir, daß er trinke (Joh 7,37)«[37].

Hier muß daran erinnert werden, daß Athanasius seine Erlösungs-
oder Inkarnationsformeln den paradoxen Inkarnationsformeln des Paulus, aber auch anderer neutestamentlicher Briefschreiber nachgebildet
hat — etwa: Jesus Christus, der »um euretwillen arm ward, obwohl er
reich war, damit ihr durch seine Armut reich würden«[38]. Von daher leb-
ten diese Gedanken und diese Form in ihm. Das zweifache Auftreten
solcher Formeln im 10. Brief (wozu noch das bald danach geschriebene
In illud »Omnia mihi tradita sunt« zu stellen ist[39] scheint doch den 10.
Brief in zeitliche Nähe zu De incarnatione zu rücken. Die Gedanken
von De incarnatione werden nicht plötzlich in Athanasius entstanden
sein, so daß die Inkarnationsformel im Osterbrief von 331 nicht ver-
wunderlich ist.

## 4. Christologie

Die Erlösungslehre ist mit Aussagen über den Erlöser, also mit
einer Christologie, verbunden[40].

---

[36a]  Ep. 24 (= chronologisch Nr. 2) S. 47 Merendino; vgl. De inc. 25 Z. 32–34, S. 196
Thomson.

[37]  Ep. 14,4 S. 35 syr. Zeile 16–20 Cureton. Vgl. ep. 5,3 (= Cureton S. (37) Zeile 8–6
v. u.).

[38]  2 Kor 8,9. Vgl. 2 Kor 5,21; Gal 3,13 f.; 4,5; Röm 8,3 f.; 1 Pt 2,24; 3,18; Hebr 2,14 f. — E.
Stauffer, Artikel ἵγα. ThWNT 3 S. 324–334.

[39]  9 3, MPG 25, 212 cd: »Später aber, als alles gefallen war, wurde der Logos Fleisch und
zog es an, damit in ihm alles zurechtgebracht würde. Denn indem er litt, gab er uns
Erquickung (ἡμᾶς ἀνέπαυσε), und indem er hungerte, nährte er uns, und indem er in
die Unterwelt herabstieg, brachte er uns herauf . . . Denn der Mensch, der in ihm
war, wurde lebendig gemacht. Deswegen wurde nämlich der Logos mit dem Menschen verbunden, damit der Fluch keine Kraft mehr gegen den Menschen habe«.

[40]  »Christologie« wird hier nicht im engeren Sinne der Konstrukion des Gottmenschen
Christus aus Göttlichem und Menschlichem gebraucht (ein Problem, das bei Atha-

a) D. Ritschl hat vor einiger Zeit gegen Harnack und andere bezweifelt, daß die Erlösungslehre Ausgangspunkt und Mitte der Theologie des Athanasius sei[41]. Dieser habe seine christologischen und trinitarischen Gedanken nicht wegen seiner soteriologischen entwickelt. Er denke in erster Linie theologisch, und der Rückschluß vom Werk Christi auf die Person Christi sei nicht das Primäre — eher umgkehrt[42]. Freilich bemerkt Ritschl mehrfach, daß es mißlich sei, Athanasius ohne weiteres festzulegen. Und so, nach beiden Seiten offen, äußert sich auch der Bischof selbst: »Denn dem Sein (ταῖς οὐσίαις) müssen auch die Taten (πράξεις) entsprechen, damit aus dem Wirken (ἐκ τῆς ἐνεργείας) der Täter bezeugt werde und (umgekehrt) aus dem Sein (οὐσία) das Tun (πρᾶξις) erkannt werden kann«[43]. Das wird in De incarnatione auf die Christologie angewandt[44]. Durch seine Werke erweist sich der Inkarnierte als Gott.

Die Frage Ritschls kann hier nicht ausführlich behandelt werden. Doch ergeben sich vielleicht einige Gesichtspunkte aus den christologischen Äußerungen des Briefes.

b) Zusammenstellungen überlieferter Hoheitstitel des Erlösers gibt es zweimal in dem Schreiben. Zunächst: Wort, Macht (Kraft), Weisheit Gottes (λόγος, δύναμις, σοφία)[45]. Diese Dreiheit ist bei Athanasius fast formelhaft geprägt. Sie bildet auch in Contra gentes und De incarnatione einen festen Kern christologischer Aussagen[46] und wird in den Arianerreden festgehalten[47].

---

nasius nicht im Vordergrund des Interesses steht), sondern in dem weiteren: Aussagen über die Person des Erlösers. E. Weigl, Untersuchungen zur Christologie des Athanasius, Paderborn 1914, geht der »engeren« Christologie nach, die erst beim alten Athanasius eine Rolle zu spielen beginnt, und stützt sich weitgehend auf pseudoathanasianische Schriften. Vgl. auch A. Grillmeier: Jesus der Christus im Glauben der Kirche, Freiburg/Br. 1979 S. 460ff.

[41] D. Ritschl: Athanasius, Versuch einer Interpretation, Zürich 1964.
[42] Ritschl S. 24f. 27 29 39.
[43] C. gent. 16 Z. 25–27, S. 44 Thomson.
[44] De inc. 18 Z. 4ff. S. 176 Thomson.
[45] Ep. 10 § 4a fol. 40v.
[46] C. gent. 46 Z. 53f., S. 130 Thomson. — De inc. 32 Z. 27f., S. 212; 48 Z. 41, S. 256; vgl. 19 Z. 9f., S. 180; 31 Z. 25 S. 210. Eine Übersicht christologischer Titel in De inc. gibt Kannengießers Ausgabe, S. 86–93.
[47] Z.B. Oratio 2,34 MPG 26,220b Zeile 4f. — Or. 3,51 col. 429c Z. 11 bis 432b Z. 4f. Ch. Kannengießer, Athanase d'Alexandrie, évêque et écrivain, spricht die dritte Arianerrede dem Athanasius ab. Auf dieses weite Feld kann ich mich hier nicht begeben, zumal der Autor noch einen zweiten Band mit weiteren Begründungen plant.

Der Ternar ist aus der Verbindung von 1 Kor 1,24 (Christus die Macht und Weisheit Gottes) mit dem Prolog des Johannesevangeliums (Logos) entstanden. Das zeigt sich sehr schön im Johanneskommentar des Origenes[48]. In den »Grundlehren« zieht Origenes neben 1 Kor 1,24 auch Weish 7,25 an, wo die Weisheit sich »Dunst der Macht (δυνάμεως) Gottes« nennt[48a]. Solche Verbindungen waren seit dem Durchbruch der Logoschristologie zu erwarten, und so findet sich in der Tat bei Justin gelegentlich die Reihe: Logos, Weisheit, Macht. Wie der Zusatz »Herrlichkeit (δόξα) des Erzeugers« beweist, stützte sich Justin ebenfalls auf Weish. 7,25 (»Ausströmung der lauteren Herrlichkeit des Allherrschers«), während 1 Kor 1,24 nicht zitiert wird[49].

Bei Origenes sind die drei Prädikate keine feste Gruppe, sondern in der Regel unter die Fülle der Christusnamen verstreut[50]. Ähnlich ist es bei Klemens von Alexandrien[51].

In nachorigenistischer Zeit findet sich der Ternar in allen theologischen Lagern: bei Euseb von Cäsarea[52], Markell von Ankyra[53], dem Arianer Asterius[54]. Asterius benutzt 1 Kor 1,24 als Schriftbeweis für die arianische Lehre von den zwei Weisheiten (Logoi) und Mächten Gottes: der innergöttlichen und der geschaffenen Hypostase des Christus/Logos[55].

Alexander von Alexandrien wendet den christologischen Ternar: Gottes Dynamis, Sophia, Logos gegen die Arianer[56]. Wenn der Sohn Logos (Vernunft) und Weisheit Gottes ist, hat er keinen Anfang, denn Gott war nie unvernünftig und unweise[56a]. Genau dieser polemische

---

[48]   In Joh. 1, 39, S. 51, 20–28 Preuschen: 1 Kor 1,24 und Joh 1,2. – Ebd. 1,19, S. 23, 3 ff: 1 Kor 1,24 und Joh 1,14 f.

[48a]  De princ. 1, 2, 9, S. 39–41 Koetschau »Logos« (Verbum) ist vorher in 1, 2, 8, S. 38, 6 genannt.

[49]   Justin, Dialog mit Tryphon 61, 3, S. 166 Goodspeed.

[50]   So in den Besprechungen dieser Namen De princ. 1,2, 1 ff. S. 27 ff. Koetschau; In Joh. 1,21–22, S. 25 ff. Preuschen.

[51]   Strom. 5, 6, 3, S. 329, 20 ff. Stählin: Logos, Weisheit, Güte Gottes, alles vermögende göttliche Macht, Wille des Allmächtigen.

[52]   Praep. ev. 7, 12, 2, S. 387, 13 f. Mras. — Unter andere Namen der 2. Hypostase gestreut: Dem. ec. 5 prooem. 32, S. 209, 10 ff. Heikel u. ö.

[53]   Frg. 60, S. 196 Klostermann; Frg. 73, S. 198.

[54]   Markell Frg. 120, S. 211 Klostermann.

[55]   Asterius, Fragment 1 und 2 bei G. Bardy, Recherches sur S. Lucien, S. 341 f. — R. Lorenz, Christusseele, S. 13 f.; 24 f.

[56]   Tomus an alle Bischöfe, Urk. 15, S. 30, 17 f. Opitz.

[56a]  Urk. 4 b, S. 9 4–6 Opitz: πῶς δέ, εἰ λόγος καὶ σοφία ἐστὶ τοῦ θεοῦ ὁ υἱός, ἦν ποτε ὅτε οὐκ ἦν; ἴσον γάρ ἐστιν αὐτοὺς λέγειν ἄλογον καὶ ἄσοφόν ποτε τὸν θεόν.

Gebrauch der Dreiheit (der sich gegen ein sabellianisches Verständnis als bloßer Eigenschaften Gottes wehren muß) begegnet im Schriftwechsel zwischen Dionys von Rom und Dionys von Alexandrien. Gott kann ohne Logos, Weisheit, Macht nie gewesen sein. Der Ternar wird vom römischen Dionys gebraucht[57] und von Dionys von Alexandrien zustimmend wiederholt[58]. Man könnte vermuten, daß Alexander von Alexandrien dies übernommen hat — wenn der Schriftwechsel der beiden Dionyse echt ist[59].

---

[57] Brief gegen die Sabellianer, S. 179,10–180, 6 Feltoe.

[58] Widerlegung und Verteidigung, S. 186,5–9 Feltoe.

[59] L. Abramowski (Dionys v. Rom († 268) und Dionys v. Alexandrien († 264/5) in den arianischen Streitigkeiten des 4. Jahrhunderts, ZKG 93 (1982) 240–272) hat die Echtheit dieser von Athanasius überlieferten Texte zum »Streit der beiden Dionyse« mit beachtenswerten Gründen verneint. Ihre Feststellungen über die Verwandtschaft der Terminologie mit Markell von Ankyra einerseits, Euseb von Cäsarea andererseits sind unbestreitbar. Ich empfinde zwei Schwierigkeiten. 1. Wo und wie ist der von Frau Abramowski für das Jahr 339/40 angesetzte versöhnliche Anonymus vorzustellen, der mit diesen Schriftstücken einen Ausgleich zwischen den Ansichten Markells und Eusebs zustande bringen wollte? Die von Markell bei seiner Rückkehr nach Ankyra veranstalteten Krawalle lagen 339 erst zwei Jahre zurück; die Erbitterung darüber macht sich noch in dem Schreiben der orientalischen Synode von Serdika/Philippopolis (343) Luft (Hilarius, CSEL 65, S. 55, 12 ff. Feder). Die Partei der beiden Eusebe (von Cäsarea und Nikomedien/Konstantinopel) betrachtete den Markell als häretische Pest (CSEL 65, Register s. v. Marcellus), wovon sie auch in ihren »versöhnlichen« Momenten vor Serdika nicht abging, und umgekehrt. Die Eusebianer arbeiteten schon 338 wieder an der erneuten Vertreibung des Athanasius und Markells. Wo ist da im Orient Raum, Hoffnung und Klima für Vermittlung denkbar? Sollte es vielleicht in Rom eine friedliebende Persönlichkeit gegeben haben, die einen solchen Ausgleich im Sinne hatte? Ist in Rom vor der Ankunft Markells eine nähere Kenntnis seiner Theologie und der Schrift Eusebs gegen ihn, wie sie die vermutete Fälschung voraussetzt (s. Abramowski S. 251), anzunehmen? Der Brief des Papstes Julius an die Eusebianer (Athanasius, Apol. sec. 21–34; zu Markell: 32, S. 110, 19 ff. Opitz) läßt für Rom kein Klima des Ausgleichs, sondern einseitige Parteinahme erkennen. — 2. Meine zweite Schwierigkeit bezieht sich darauf, daß chronologische Schlüsse aus der theologischen Terminologie für das dritte Jahrhundert mit einer gewissen Unsicherheit behaftet sind. Abgesehen davon, daß das christliche Schrifttum dieses Jahrhunderts nur in Trümmern auf uns gekommen ist, fehlt es (trotz des trefflichen patristischen Wörterbuchs von Lampe) an einer umfassenden Bestandsaufnahme der philosophischen und theologischen Begrifflichkeit dieser Zeit. Man ist hier vor Überraschungen nicht sicher; ich habe dies anhand einer angeblichen Einschaltung Rufins in die »Grundlehren« des Origenes (Polemik gegen die Formel ἦν ποτε ὅτε οὐκ ἦν und gegen die Erschaffung des Logos ἐξ οὐκ ὄντων) gezeigt (s. R. Lorenz, Christusseele, S. 46–48; vgl. Arius judaizans? S. 55 f. 64 f.).

Athanasius bezeichnet, nachdem er die Macht (Kraft) Gottes anfangslos und ewig genannt hat, den Logos als Macht (Kraft) und Weisheit Gottes. Man muß daraus schließen, daß auch der Logos anfangslos und ewig ist — eine polemische Spitze gegen die Arianer[59a].

c) Die zweite Gruppe christologischer Würdennamen: Herr, Gott, König des Alls, Herr der Engel[60] wird gegen die Juden gekehrt, um zu unterstreichen, welchen Frevel sie mit der Kreuzigung des Heilands begangen haben. Mit »König des Alls«[61] ist die kosmische Rolle des Logos als Schöpfer und erhaltende Vorsehung gemeint, die im 10. Brief beiseite gelassen, in Contra gentes und De incarnatione aber breit behandelt wird. Unter hinter »Herr der Engel«[62] steht die Abwehr der Engelchristologie[63].

d) Die sonst noch genannten Titel: Leben, Licht, Gnade, Helfer bedürfen keiner Besprechung[64]. Wir wenden uns vielmehr dem polemischen Horizont der Christologie zu, welcher in der Bekämpfung der Arianer sichtbar wird.

Im 10. Festbrief haben wir die früheste offene Bestreitung des Arianismus aus der Feder des Athanasius vor uns, was bisher kaum gewürdigt worden ist. Nachdem der Bischof schon mit der Brandmarkung seiner Gegner als »christusbekämpfende Bande« und »Antichristen« präludiert hat[65], eröffnet er im Schlußteil seines Briefes den Angriff auf die »Christus bekämpfenden Ariustollen«[66] und »Christusbestreiter«[67]. Die Auseinandersetzung mit den Arianern dreht sich um Christus. Sie leugnen wegen der Erniedrigung in der Inkarnation die natürliche Gottheit des Erlösers[68]; wegen seiner menschlichen Geburt seine wahrhafte Gottessohnschaft[69]; wegen seiner Menschwerdung in

---

[59a]  § 4a fol. 40v. Vgl. Müller, Lexicon Athan. s.v. ἄναρχος.

[60]  § 5a fol. 42r.

[61]  Vgl. De inc. 16 Z. 24 f. S. 172 Thomson: Sohn Gottes, Logos des Vaters, Leiter und König des Alls. Ähnlich Euseb v. Cäsarea, Dem. ev. 4, 10, 15 S. 167, 28 f. Heikel: Gottes Logos, Weisheit, Macht, Herrscher, Leiter und König, Gott und Herr.

[62]  Vgl. 1 Petr 3, 22. — Athanasius, De sent. Dionys. 8, S. 51, 19 f. Opitz.

[63]  Dazu: R. Lorenz, Arius judaizans? S. 148 f. 163 ff.

[64]  Manche Prädikate, die Athanasius sonst geläufig sind (z. B. »Bild des Vaters«), fehlen im 10. Brief.

[65]  § 7 fol. 43r.

[66]  § 9 fol. 43v.

[67]  § 10 fol. 44r.

[68]  Etwa: τὴν φύσει (oder κατὰ φύσιν) οὖσαν θεότητα. Für φυσικὴ θεότης finde ich keinen Beleg bei Athanasius, wenn mir nichts entgangen ist.

[69]  »Daß er in Wahrheit Gottes Sohn sei«.

der Zeit und seines Leidens die natürliche Ewigkeit des unvergänglichen Sohnes, der aus dem unvergänglichen Vater ist[70].

Athanasius führt gegen die Arianer die Sohnschaft des Erlösers ins Feld. Aus dem Wesen Gottes des Vatrs folgt, daß keine Veränderung in Gott den Ursprung des Sohnes bewirkt, und aus dem Begriff des Sohnes, daß dieser nicht geschaffen (sondern, wie zu ergänzen ist, gezeugt) wurde. Außerdem kann der Sohn, der uns mit dem Vater versöhnte, nicht als dem Vater fremd (ξένος) bezeichnet und von ihm abgetrennt werden (ἀποσχοινίζεσθαι)[71].

Die aus dem Vater-Sohn Verhältnis gezogenen antiarianischen Folgerungen ergänzt Athanasius durch den Schriftbeweis aus Joh 14,11 (Ich bin im Vater und der Vater ist in mir) und 14,9 (wer mich gesehen hat, der hat den Vater gesehen)[72].

Mit diesen Ausführungen künden sich schon die »Arianerreden« an, in deren exegetischer und polemischer Wüstenei sich dann, eintönig wiederkehrend, die Felsenmelodie großer Gedanken erhebt[73].

e) Aber die antiarianische Polemik des 10. Festbriefes weist auch zurück auf Alexander von Alexandrien. Im Wortschatz stimmen die Schmähungen gegen die Arianer weitgehend überein. Die Arianer gehören dem Antichrist zu[74], sie sind vom Teufel angetrieben[75], blind am Auge (an den Sinnen) der Seele[76], verrückt Rasende[76a], Christusbestreiter[77], eine Christus bekämpfende Bande (χριστομάχον ἐργαστήριον)[78], die den ungeteilten Rock Christi zerreißt[79]. Auch die positive Fassung der Lehre ist verwandt. Ebenso wie unser Osterbrief hebt Alexander die »natürliche« Sohnschaft und Gottheit des Erlösers hervor[80], verurteilt

---

[70] § 9 fol. 43v–44r.
[71] § 9–10 fol. 44r. — Die arianischen Parallelstellen bei R. Lorenz, Arius judaizans? S. 39ff. Ziffer II, V.
[72] § 10 fol. 44v.
[73] Einen guten Zugang bietet Ch. Hauret: Comment le »Défenseur de Nicée« a-t-il compris le dogme de Nicée? Brügge 1936.
[74] Alexander, Henos somatos, Urk. 4b, S. 7, 2; 9, 25 Opitz. — Athanasius ep. 10, 7 fol. 43r.
[75] Alex. Urk. 14, S. 19, 4f. Opitz. — Athan. ep. 10, 10 fol. 44v.
[76] Alex. Urk. 14, S. 27, 20 Opitz. — Athan. ep. 10, 9 fol. 44r.
[76a] μανιῶδες: Alex. Urk. 14, S. 23, 12 Opitz. — Ἀρειομανῖται: Athan. ep. 10, 9 fol. 43v.
[77] Alex. Urk. 4b, S. 7, 1; 9, 15 Opitz. — Athan. ep. 10, 9. 10 fol. 43v–44r.
[78] Alex. Urk. 14, S. 20, 6f. Opitz. — Athan. ep. 10, 7 fol. 43r.
[79] Alex. Urk. 14, S. 20, 16f. Opitz. — Athan. ep. 10, 10 fol. 44r.
[80] ἀληθινὸς καὶ φύσει τοῦ πατρὸς λόγος, Urk. 4b, s. 7, 22 Opitz. — ἡ υἱότης αὐτοῦ κατὰ φύσιν τυγχάνουσα τῆς πατρικῆς θεότητος, Urk. 14, S. 24, 9f. Opitz. — Athan. ep. 10, 9 fol. 44r: »natürliche Gottheit«, »natürliche Ewigkeit«. Nach Auskunft von Müllers

die Trennung des Sohnes vom Vater (beide sind ἀλλήλων ἀχώριστα πράγματα δύο)[81] und stützt sich auf Joh 14,9 (Wer mich gesehen hat . . .) und 14,11 (Ich bin im Vater . . .)[82].

Alexander betont schließlich, daß die Arianer die Menschwerdung und das Leiden des Erlösers samt den damit verbundenen Niedrigkeitsaussagen der Schrift zum Anlaß nehmen, seine uranfängliche (ἀρχῆϑεν) Gottheit zu leugnen[83]. Die Verwandtschaft des 10. Festbriefes mit den Schreiben Alexanders liegt auf der Hand.

Man wird nicht zu der Auskunft greifen dürfen, der damalige Diakon Athanasius habe die Briefe für seinen Bischof verfaßt. Newman[84], welcher Athanasius für den Autor des Rundschreibens Henos Somatos (Urkunde 4b) hielt, schloß dies für den anderen Brief (Urk. 14) wegen angeblicher sachlicher und stilistischer Unterschiede aus. Aber beide Briefe haben Parallelen im 10. Osterfestbrief des Athanasius. Alexander war keine theologische Null, er hatte die lang hingezogenen Gespräche mit Arius und dessen Anhängern geführt und wird die Ausarbeitung so wichtiger Enzykliken kaum einer jungen Hilfskraft anvertraut haben. Es ist doch ratsamer, der Aussage des Athanasius Glauben zu schenken, der sich zu Beginn seines Erstlingswerkes auf seine Lehrer (also vor allem auf Alexander) beruft[85]. Er geht im 10. Brief von dem aus, was Alexander gegen die Arianer lehrte.

f) Indem die Arianer bei der Erniedrigung des Heilands während seines Erlösungswirkens auf Erden (σωτήριος οἰκονομία) verweilen und deshalb bestreiten, daß er von Anfang an Gott gewesen sei, schließen sie sich nach Meinung Alexanders der gottlosen Ansicht der Heiden und Juden über Christus an[86]. Wenn wir nun in De incarnatione[87] lesen, daß Juden und Heiden an der Menschwerdung des Logos und der Unziemlichkeit (τὸ ἀπρεπές) des Kreuzesleidens Anstoß nehmen, so liegt die Vermutung nahe, daß mit diesen »Juden und Heiden« auch die

---

Lexicon Athanasianum verwendet Athanasius υἱότης für die Beziehung der »adoptierten« Christen zu Gott. Alexander gebraucht dagegen in Urk. 14 den Ausdruck υἱότης von der Sohnschaft des Erlösers. Athanasius sagt lieber ἀληϑινὸς υἱὸς τοῦ ϑεοῦ-.

[81]  Urk. 14, S. 22, 7 Opitz; vgl. Urk. 4b, S. 8, 3–4 (die Arianer trennen). — Athan. ep. 10, 10 fol. 44r.

[82]  Urk. 4b, s. 9, 4–8 Opitz; Urk. 14, S. 25, 22–26, 2. — Athan, ep. 10, 10 fol. 44v.

[83]  Urk. 14, S. 20, 5–11; 25, 17–20 Opitz.

[84]  Referat bei Robertson, Select Writings and Letters of Athanasius, S. 68.

[85]  C. gentes 1 Z. 10–15, S. 2 Thomson.

[86]  Urk. 14, S. 20, 5–12 Opitz.

[87]  De inc. 33, S. 214 Thomson.

Arianer getroffen werden sollen, welche im 10. Brief ebenfalls zu den
Juden gestellt werden[88]. In De incarnatione 18 wird angesichts der Niedrigkeitsaussagen des Neuen Testaments (Essen, Trinken, Geborenwer-
den, Leiden) die Gottheit und Gottessohnschaft des Erlösers verteidigt.
Eine antiarianische Tendenz des apologetischen Doppelwerkes gewinnt
so an Wahrscheinlichkeit.

g) Sowohl aus Alexander von Alexandrien als auch aus dem 10.
Osterfestbrief geht die entscheidende Bedeutung der Inkarnationslehre
für den Arianismus hervor. Die Christologie ist das Zentrum der arianischen Theologie[89]. Das bestimmt auch die Gegenrede des Athanasius.
Arius knüpfte an ein Problem der origenistischen Theologie an, welche
den philosophischen Gottesbegriff des Überseienden, Unveränderlichen, Leidenslosen festhalten, jedoch die Inkarnation des Göttlichen als
möglich erweisen wollte. Sie führte dazu als Mittelwesen die mit dem
unveränderlichen Logos (nicht mit dem heiligen Geiste!) gesalbte (Ps
44,8) und geeinte geschöpfliche Christusseele als Subjekt der Inkarnation ein, in welcher der Ursprung des arianischen »Logos« und »Sohnes«
zu sehen ist[90].

Ich betone: Die Auseinandersetzung des Athanasius mit den Arianern dreht sich, veranlaßt durch die arianische, von der Inkarnation her
gedachte Christologie, um Christus. Von seiner Erlösungslehre her
bekämpft er die Christologie des Arius. Erlösung durch ein Geschöpf ist
nicht möglich[91]. Die Trinitätslehre entstand aus der Einwirkung einer

---

[88]  Ep. 10 § 9 fol. 44r.
[89]  Vgl. Lorenz, Arius judaizans? S. 53 ff. Ist es ein Zufall, daß bei dieser Bedeutung der
      Inkarnation für den Arianismus Athanasius ein Werk De incarnatione schrieb?
[90]  Siehe Arius judaizans S. 211–224. In ZKG 94 (1983) 1–51 (Die Christusseele im
      Arianischen Streit) habe ich die Diskussion weitergeführt; s. unter anderem dort S.
      51 zu F. Ricken und A. M. Ritter. Wenn Ch. Kannengießer in seinem sachlichen und
      objektiven Bericht (Holy Scripture and Hellenistic Hermeneutics, S. 26–31) gegen
      meine These bemerkt: For Origen has never confused the divinity of the incarnate
      Word with the created, preexistent soul which made the incarnation of the Word
      possible (a.a.O. S. 31), so ist das unzutreffend. Origenes sagt doch ausdrücklich, daß
      die präexistente Seele Jesu, dem Logos ab initio (also in der Präexistenz) anhangend,
      diesen ganz in sich aufnimmt und mit ihm »ein Geist« wird (De princ. 2, 6, 3–4, S.
      142, 3–144, 17 Koetschau. Man sollte es sich auch mit der Verwerfung des Testimo-
      nienapparats von Koetschau nicht allzu leicht machen). Diese mit dem Logos
      geeinte (und durch die Salbung mit dem Logos zum »Christus« gewordene) Seele
      inkarniert sich. Das ist der Ansatzpunkt für die Lehre vom σῶμα ἄψυχον bei
      Lukian/Arius und Euseb v. Cäsarea: die Logos-Seele kommt in ein Soma, dessen
      Seele sie wird. Die Belege s. Arius judaizans S. 211 ff., bes. S. 214 f. Die Besonderhei-
      ten Eusebs von Cäsarea sind S. 203 ff. behandelt.
[91]  Or. c. Arian. 2,69 f.

Inkarnations- und Erlösungslehre, welche die volle Gottheit des Erlösers forderte, auf den Gottesbegriff. So wie Athanasius im Streit gegen die Arianer das Verhältnis Gottes des Vaters zu seinem Logos und Sohn tief durchdachte und feststellte, so gelangte er im Alter im Kampf mit den »Tropikern« zur Feststellung des Verhältnisses des heiligen Geistes zu Sohn und Vater[92] und damit zu einer eigentlichen Trinitätslehre (Dreifaltigkeitslehre). Es ist mit Harnack an der zentralen Rolle der Erlösungslehre in der Theologie des Athanasius festzuhalten.

## 5. Frömmigkeit

a) Die Frömmigkeit[93], welche den 10. Brief trägt, ist die εὐσεβὴς πίστις[93a], das rechtgläubige Reden (oder das rechtgläubige Lobpreisen) über den Erlöser[93b]).

Der »fromme Glaube« besteht in der (von den Juden verfehlten) Erkenntnis des Erlösers und der von ihm vollbrachten Erlösung[94]: der Überwindung des Todes, der Gabe der Unsterblichkeit[95]. Die Erlangung dieser uns zugeeigneten Verheißung ist das Ziel des Christen. Der Mensch steht zwischen der Verlockung irdischer Lust und der Hoffnung dieser ewigen Dinge[96]. In der Ewigkeit wird Schmerz, Qual und Seufzen entflohen sein[97]. Dort wird die Ruhe der Erquickung eintreten[98], und die Gläubigen werden das himmliche Passah mit den Engeln feiern[99].

Das Leben des Christen ist ein Weg zu diesem Ziel[100], und er kann ihn gehen, weil Christus ihn aufgetan hat[101].

---

[92] Dazu das gute Buch von A. Laminski, Der heilige Geist als Geist Christi und Geist der Gläubigen. Leipzig 1969.

[93] P. Merendino, Paschale Sacramentum. — M. Tetz, A. und die Einheit der Kirche, S. 212 ff.

[93a] ep. 10 § 3 Ende, fol. 40r. Belege für εὐσεβὴς πίστις s. Müller, Lexikon s. v. εὐσεβής 2 a.

[93b] § 3 fol. 40r.

[94] § 5 a fol. 42r.

[95] § 8 fol. 43v.

[96] § 5 ab fol. 42r–42v.

[97] § 5 b fol. 42r.

[98] § 7 fol. 43r.

[99] § 11 fol. 44v. Vgl. den eschatologischen Ausblick in De inc. 56 Z. 10 ff., S. 272 Thomson.

[100] Reiche Belege bei Merendino, Paschale Sacr., S. 2–9.

[101] § 11 fol. 44v.

b) In die für die Frömmigkeit grundlegende Scheidung des Irdischen und Ewigen spielt der Gegensatz zwischen dem Teufel und Christus hinein. Der Widersacher und sein »Heer« verfolgt die Gläubigen[102] und sucht sie in der Trübsal zu Fall zu bringen[103], so daß der Weg ins Himmelreich ein Durchgang durch viel Leiden ist[104]. Athanasius gibt seelsorgerlichen Rat für das Ausharren auf diesem Wege durch Einübung der Tugend — Ethik und Frömmigkeit bilden eine Einheit[105].

c) Das Mittel, welches Athanasius im Kampf gegen den Teufel und seine Gefolgschaft empfiehlt, ist in erster Linie die Nachahmung Christi, der uns gezeigt hat, wie man leidet, und die Feinde ertrug, ohne zu vergelten[106]. Das ist zweifellos aufrichtig gemeint, obwohl nicht verschwiegen werden darf, daß der Bischof in der Praxis die Entsendung eines schlagkräftigen Soldatentrupps dem Ertragen seiner Feinde vorzog[107]. Zur imitatio Christi tritt die Nachahmung des Paulus und der biblischen Heiligen[107a]).

d) Eine asketische Prägung des »frommen Glaubens« ist nicht zu übersehen. Die Jungfrauen und Asketen sind die »Vollkommenen«. Aber auch die »Mittleren« und »Dritten«, ehrbare Ehe und Züchtigkeit werden vom Erlöser (wenn auch mit geringerer Auszeichnung) angenommen[108]. Ein Echo mönchischer Spiritualität ist die Betrachtung der Wüste als des Ortes, wo Engelscharen die Ausgewanderten besuchen[109]. Zu dieser Spiritualität gehört auch die Meditation, welche Athanasius seinen Hörern und Lesern ans Herz legt[110].

In dieser Weise hat Athanasius auch sein persönliches Schicksal

---

[102]  § 4c fol. 41v.

[103]  § 8 fol. 43r.

[104]  § 5b fol. 42r.

[105]  § 7 fol. 43r.

[106]  § 7 fol. 43r.

[107]  Die Klagen der orientalischen Bischöfe von Serdika/Philippopolis (bei Hilarius, CSEL 65, S. 53, 11 f. Feder) werden durch den Papyrus Brit. Mus. 1914 bei Bell, Jews and Christians, S. 58 Z. 1 ff., besonders Z. 9 ff., und S. 60 Z. 41 ff. bestätigt.

[107a]  § 8 fol. 43v.

[108]  § 4b fol. 41r. Vgl. das Lob der Virginität in De inc. 51 Z. 1 ff., S. 262 Thomson. Zur Parallele in der Epistula ad Virgines (CSCO 150, S. 82) s. Tetz, Athanasius, TRE 4, S. 344, 52 ff.

[109]  § 6 fol. 42v. Auf die Rolle des hier erwähnten Elisa bei Athanasius macht M. Tetz aufmerksam: A. und die Vita Antonii, ZNW 73 (1982), S. 8 f. 12. — Müller, Lexicon Ath. s.v. Ἐλισαῖος.

[110]  § 12 fol. 45r.

bestanden und, den apostolischen Freimut des Paulus vor Augen (Röm 8,38 f.), alle seine Angelegenheiten Gott übergeben[111].

e) Das Wirken des Logos in der Seele geschieht im Raum der Kirche[112]. In der gemeinschaftlichen gottesdienstlichen Feier gemäß der Weisung des Herrn, des Apostels und der Väter[113] ist Christus bei den Seinen und verbindet sie[114].

f) Die Osterfeier hat ihren Höhepunkt natürlich in der Eucharistie. Merendino sieht im Kultmysterium die Mitte der Osterfestbriefe des Athanasius. Das Passah wird in der Eucharistie mitgeteilt; Christus gibt sich in der Feier der Kirche den Menschen hin; die Osterliturgie ist die Erfüllung der prophetischen Botschaft; aus dem Inhalt der christlichen liturgischen Osterfeier ist die Heilsgeschichte (welche eine Kultgeschichte sei) und die heilige Schrift zu deuten[115].

Hier wird der Kult der katholischen Kirche der Heilstat Christi an die Seite gestellt. Das steht im Widerspruch nicht nur zur Wiederentdeckung des Evangeliums durch Martin Luther, sondern auch zu Athanasius selbst. Als sein hermeneutisches Prinzip für das Verstehen der Schrift nennt Athanasius ein Leben nach dem Vorbild der biblischen Heiligen[116] und nicht das Kultgeschehen. In dieser hermeneutischen Anweisung von De incarnatione 57 fallen übrigens Berührungen mit dem Schluß von Plotins Schrift »Über das Schöne« auf: das Motiv der Reise des Geistes zu dem Begehrten, das Hinblicken auf die guten Männer und Seelen und ihre schönen Werke, die Reinigung des geistigen Auges und seine Angleichung an das Sonnenlicht, welches es sehen will — alles ins Christliche umgesetzt[116a].

Und nicht überall, wo er von Christus als Speise und Brot und vom Essen seines Fleisches spricht, handelt es sich um die Eucharistie. So dient das himmlische Brot Christus dem Lazarus zur Sättigung im Jenseits[117], und mit der Speise »Christus«, die von Paulus in verschiedener Gestalt dargeboten wird, ist die Verkündigung gemeint[118].

---

[111]  § 2 fol. 39v.
[112]  § 4 ab fol. 40v–41r.
[113]  § 11 fol. 45r.
[114]  § 2 fol. 39v.
[115]  Merendino, Paschale Sacr., S. 22 f.
[116]  De inc. 57, S. 274 Thomson.
[116a] De inc. 57 Z. 1–10, S. 274 Thomson. — Plotin, Enn. I, 6, 40–42, R. Harder, Plotins Schriften. Bd. 1, Hamburg 1956, S. 22 f.
[117]  § 6 fol. 42v–43r.
[118]  § 4 ab fol. 40v–41r.

Es fehlt in den Festbriefen nicht an eucharistischen Stellen. Aber man ist überrascht, wie wenig Athanasius hier an das Kultmysterium denkt, sondern spiritualisierend ein geistiges Essen im Auge hat. Tugenden und Laster sind die Speise der Seele. In diesem Sinne ist der Heiland, der Herr Jesus Christus, das vom Himmel herabgestiegene Brot die Speise der Heiligen, die sein Fleisch und Blut genießen — so wie der Teufel die Speise der Sünder ist[119]. Es handelt sich deutlich um geistiges Essen der Heiligen: die Speise der Tugend und das Hören des Wortes (1 Tim 4,6 wird zitiert). Mose und andere Heilige wurden durch die Schau Gottes und das Hören seines Wortes ernährt[120]. Wenn wir die Speise des Lebens (Christus) essen und unseren Durst mit seinem Blut stillen, wird das als Meditation der heiligen Schrift und als Erleuchtung unseres Geistes erläutert[121]. Wir essen das Passah in der katholischen Kirche. Aber dieses Passah wird nicht als Kult beschrieben, sondern als Ablassen vom Bösen, Ausführung der Tugend und Übergang vom Tod zum Leben[122].

Aus den Osterfestbriefen des Athanasius quillt uns nicht die Weihrauchwolke des Kultmysteriums entgegen (parmi les maladives exhalaisons / de parfums lourds et chauds dont la poison / dahlia, lys, tulipe et renoncule / noyant mes sens, mon âme et ma raison / mêle dans une immense pâmoison / le souvenir avec le crépuscule), sondern es weht der nüchterne Atem rechtgläubiger Rede von Christus[123].

So hat sich der 10. Osterfestbrief als ein reicher Text gezeigt, wichtig für die Biographie und Erfassung der Persönlichkeit des Athanasius und wichtig als theologisches Dokument, das von der Schrift De incarnatione Domini zu den Arianerreden hinführt.

---

[119] Ep. 1,5, Cureton S. (15) Zeile 2 v. unten ff.
[120] Ep. 1,6, Cureton S. (16) Z. 9 v.u. ff.
[121] Ep. 5,1, Cureton S. (36) Z. 7ff., besonders Z. 8 v.u. bis Z. 5 von unten.
[122] Ep. 5,4, Cureton S. (39) Z. 10–14.
[123] Zu »Christus atmen« (τὸν χρισιὸν ἀεὶ ἀναπνέετε, Athanasius Vita Antonii 91, MPG 26, 969 c) siehe M. Tetz, Athanasius und die Einheit der Kirche, S. 217.

# Bibliographie

## I. Texte

### Athanasius

Cureton: The Festal Letters of Athanasius, discovered in an ancient Sxriac Version and edited by W. Cureton. London 1848.

Larsow: Die Fest-Briefe des heiligen Athanasius. Aus dem Syrischen übersetzt und mit Anmerkungen erläutert. Leipzig-Göttingen 1852.

A. Mai: Novae Patrum Bibliothecae tomus sextus continens in parte I. sancti Athanasii epistolas festales syriace et latine cum chronico et fragmentis aliis. Romae 1853. Die lateinische Übersetzung auch MPG 26, 1339 ff.

Burgess: The Festal Epistles of S. Athanasius. Translated from the Syriac. In: A Library of the Fathers of the Holy Catholic Church. Oxford 1854 (übersetzt von H. Burgess)

Robertson: Select Writings and Letters of Athanasius, ed. by A. Robertson. In: A Select Library of Nicene and Post-Nicene Fathers of the Christian Church, vol. IV. Nachdruck Grand Rapids 1976.

Lefort: S. Athanase, Lettres festales et pastorales en copte, éd. par Th. Lefort. CSCO 150 (Text) und 151 (französische Übersetzung), Löwen 1955.

Merendino: Osterfestbriefe des Apa Athanasius. Aus dem Koptischen übersetzt und erläutert von P. Merendino. Düsseldorf 1965.

R. G. Coquin — E. Lucchesi: Un complément au corps copte des lettres festales d'Athanase. OLoP 13 (1982) 137–42. (= Coquin I)

R. Coquin: Les lettres festales d'Athanase (CPG 2102). Un nouveau complément: le manuscrit IFAO copte 25. OLoP 15 (1984) 133–58 (= Coquin II)

Athanasius, Werke: MPG 25 und 26 (= Montfaucon).

Opitz: Urkunden zur Geschichte des arianischen Streits. Herausgegeben von H. G. Opitz (= Athanasius, Werke III, 1). Berlin und Leipzig 1934/5.

Opitz: Athanasius, Werke: Herausgegeben von H. G. Opitz Bd. II Lieferung 1–8. Berlin 1935/40.

Thomson: Athanasius Contra gentes and De incarnatione. Edited and translated by R. W. Thomson. Oxford 1971.

Kannengiesser: Athanase d'Alexandrie, Sur l'incarnation du Verbe, ed. Ch. Kannengiesser. SCh 199, Paris 1973.

### Melito von Sardes

Blank: Melito von Sardes, Vom Passah. Übersetzt, eingeleitet und kommentiert von J. Blank. Freiburg/Br. 1963.

Hall: Melito of Sardes, On Passah and Fragments. Texts and Translation by St. G. Hall. Oxford 1979.

# Dionysius von Alexandrien

Feltoe: Ch. L. Feltoe, The Letters and other Remains of Dionysius of Alexandria. Cambridge 1904.

## Textlesen

R. Cantalamessa: Ostern in der alten Kirche (übersetzt von Annemarie Spoerri) TC 4, Bern 1981.
A. Strobel: Texte zur Geschichte des frühchristlichen Osterkalenders. Münster/W. 1984 (die Texte in deutscher Übersetzung).

## Chroniken

Chronica Minora saec. IV. V. VI. VII. vol. I, ed. Th. Mommsen. MGH.AA 9, Berlin 1892.
A. Bauer und J. Strzygowski: Eine alexandrinische Weltchronik. DAWW.PH 51, Wien 1906.
Chronicon paschale rec. L. Dindorf. CSHB 3, Bonn 1832.

## II. Literatur

L. Abramowski: Dionys von Rom († 268) und Dionys von Alexandrien († 264/5) in den arianischen Streitigkeiten des 4. Jahrhunderts. ZKG 93 (1982) 240–272.
M. Albert: La 10e lettre festale d'Athanase d'Alexandrie. Traduction et interprétation. ParOr 6/7 (1975/6) 69–90.
H. Auf der Maur: Die Osterhomilien des Asterius Sophistes als Quelle für die Geschichte der Osterfeier. Trier 1967.
G. Bardy: Recherches sur s. Lucien d'Antioche et son école. Paris 1936.
G. I. Bell: Jews and Christians in Egypt. Oxford 1924.
F. X. Funk: Die Entwicklung des Osterfastens. Kirchengeschichtliche Abhandlungen und Untersuchungen I, Paderborn 1897, S. 241–78.
G. Garitte: Les citations arméniennes des lettres festales de s. Athanase. HandAm 10/12 (1961) 425–440.
F. K. Ginzel: Handbuch der mathematischen und technischen Chronologie. 3 Bände, Berlin und Leipzig 1906/14.
W. Huber: Passa und Ostern. Untersuchungen zur Osterfeier der alten Kirche. BZNW 35, Berlin 1969.
A. H. M. Jones: The Later Roman Empire, Oxford 1964 (= Jones, LRE).
A. H. M. Jones/J. R. Martindale/J. Morris: Prosopography of the Later Roman Empire. Bd. I, Cambridge 1971 (= Jones, Prosopography).
Ch. Kannengiesser: Le témoignage des lettres festales de s. Athanase sur la date de l'apologie Contre les païens — Sur l'incarnation du Verbe. RSR 52 (1964) 91–100.
—: La date de l'apologie d'Athanase Contre les Païens et Sur l'incarnation du Verbe. RSR 58 (1970) 383–428.

—: Le mystère pascal du Christ selon Athanase d'Alexandrie. RSR 63 (1975) 407–442.
—: Holy Scripture and Hellenistic Hermeneutics in Alexandrian Christology: The Arian
    Crisis. Protocol of the Colloquy of the Center for Hermeneutical Studies 41, Ber-
    keley CA. 1982.
—: Athanase d'Alexandrie, évêque et écrivain. Une lecture des Traités contre les Ariens.
    Paris 1983.
Hal Koch: Pronoia und Paideusis. Studien über Origenes und sein Verhältnis zum Plato-
    nismus. Berlin und Leipzig 1932.
A. Laminski: Der heilige Geist als Geist Christi und Geist der Gläubigen. Der Beitrag des
    Athanasius v. Alexandrien zur Formulierung des trinitarischen Dogmas im 4.
    Jahrhundert. Leipzig 1969.
Th. Lefort: Les lettres festales de s. Athanase. Bulletin de l'Académie royale de Belgique,
    Classe des Lettres 39 (1953) 643–651.
—: A propos des festales de s. Athanase. Muséon 67 (1954) 43–50.
R. Lorenz: Arius judaizans? Untersuchungen zur dogmengeschichtlichen Einordnung
    des Arius. Göttingen 1979.
—: Die Christusseele im arianischen Streit. Nebst einigen Bemerkungen zur Quellenkri-
    tik des Arius und zur Glaubwürdigkeit des Athanasius. ZKG 94 (1983) 1–51.
P. Merendino: Paschale Sacramentum. Eine Untersuchung über die Osterkatechese des
    hl. Athanasius in ihrer Beziehung zu den frühchristlichen exegetisch-theologi-
    schen Überlieferungen. Münster/W. 1965.
V. Peri: La cronologia delle lettere festali di Sant' Atanasio e la Quaresima. Aevum 34
    (1961) 28–86.
St. N. Sakkos: Der 39. Festbrief Athanasius' des Großen (griechisch). Tomos heortios,
    Thessalonich 1974, S. 131–191.
E. Schwartz: Zur Geschichte des Athanasius I. NGWG 1904, S. 337–356 (= Osterbriefe.
    Gesammelte Schriften III, Berlin 1959, S. 1–28).
—: Christliche und jüdische Ostertafeln. AAWG.PH VIII. 6, Berlin 1905.
—: Zur Kirchengeschichte des 4. Jahrhunderts. ZNW 24 (1935) 129–37 (Athanasius'
    Osterbriefe) = Gesammelte Schriften IV, Berlin 1960, S. 1–11 (= IV, 1–11).
A. Strobel: Ursprung und Geschichte des frühchristlichen Osterkalenders. Berlin 1977.
M. Tetz: Artikel »Athanasius von Alexandrien«. TRE 4, S. 333–349.
—: Athanasius und die Vita Antonii. ZNW 73 (1982) 1–30.
—: Athanasius und die Einheit der Kirche. ZThK 81 (1984) 191–219.
—: Zur Biographie des Athanasius. ZKG 90 (1979) 304–38.
—: Das kritische Wort vom Kreuz und die Christologie bei Athanasius von Alexandrien.
    Theologica crucis — Signum crucis, Festschrift E. Dinkler, herausgegeben v. C.
    Andresen und G. Klein. Tübingen 1979, S. 447–65.
W. Wright: Catalogue of Syriac Manuscripts in the British Museum. Part II, London
    1871.

## III. *Abkürzungen*

Abkürzungen nach S. Schwertner: Theologische Realenzyklopädie, Abkürzungsver-
zeichnis. Berlin, New York 1976. Bequemlichkeitshalber nenne ich hier:
CIPG    M. Geerard, Clavis Patrum Graecorum. Bd. 2, Turnhout 1974.
CSCO    Corpus Scriptorum Christianorum Orientalium. Paris-Löwen 1903 ff.

CSEL    Corpus Scriptorum Ecclesiasticorum Latinorum. Wien 1866 ff.

GCS Die griechischen christlichen Schriftsteller der ersten (drei) Jahrhunderte. Berlin 1897 ff.

Lampe   A Patristic Greek Lexicon by G. W. H. Lampe. Oxford 1961.

Müller   G. Müller, Lexicon Athanasianum. Berlin 1952.

RE[3]    Realencyklopädie für protestantische Theologie und Kirche. 3. Aufl. Leipzig 1896 ff. (bleibt für die Prosopographie unentbehrlich).

TRE     Theologische Realenzyklopädie. Berlin, New York 1977 ff.

# Verzeichnis biblischer und antiker Personen
## (mit Angabe der Seite)

### A. Im Text des 10. Festbriefs

### B. In den Erläuterungen

# Verzeichnis der Bibelstellen im Text des 10. Festbriefs
## (mit Angabe der Seite)

# ARBEITEN ZUR NEUTESTAMENTLICHEN TEXTFORSCHUNG

KURT ALAND

## Kurzgefaßte Liste der griechischen Handschriften des Neuen Testaments

Band I: Gesamtübersicht

Groß-Oktav. VIII, 431 Seiten. 1963. Ganzleinen DM 88,– (Band 1)
Band II: Einzelübersichten (in Vorbereitung)

## Studien zur Überlieferung des Neuen Testaments und seines Textes

Groß-Oktav. X, 229 Seiten. 1967. Ganzleinen DM 54,– (Band 2)

## Materialien zur neutestamentlichen Handschriftenkunde I

In Verbindung mit B. Ehlers, P. Ferreira, H. Hahn, H. L. Heller, K. Junack,
R. Peppermüller, V. Reichmann, H. U. Rosenbaum, J. G. Schomerus, K. Schüssler,
P. Weigandt, herausgegen von Kurt Aland

Groß-Oktav. VIII, 292 Seiten. 1969. Ganzleinen DM 88,– (Band 3)

## Vollständige Konkordanz zum griechischen Neuen Testament

Unter Zugrundelegung aller modernen kritischen Textausgaben
und des Textus receptus
In Verbindung mit H. Riesenfeld, H. U. Rosenbaum, Chr. Hannick, B. Bonsack
neu zusammengestellt unter der Leitung von Kurt Aland

2 Bände. Quart. Halbleder
Band I, Teil 1 (A–Λ). XVIII, 752 Seiten. 1983.
Band I, Teil 2 (M–Ω). VI, Seiten 753–1352. 1983. DM 1725,–
Band II (Spezialübersichten). VIII, 557 Seiten. 1978. DM 198,– (Band 4)

Preisänderungen vorbehalten

Walter de Gruyter  Berlin · New York

# ARBEITEN ZUR NEUTESTAMENTLICHEN TEXTFORSCHUNG

## Die alten Übersetzungen des Neuen Testaments, die Kirchenväterzitate und Lektionare

Der gegenwärtige Stand ihrer Erforschung und ihre Bedeutung für die griechische Textgeschichte

Mit Beiträgen von M. Black, B. Fischer, H. J. Frede, Ch. Hannick, J. Hofmann, K. Junack, L. Leloir, B. M. Metzger, G. Mink, J. Molitor, P. Prigent, E. Stutz, W. Thiele herausgegeben von Kurt Aland

Groß-Oktav. XXII, 591 Seiten, 5 Tafeln. 1972. Ganzleinen DM 156,– (Band 5)

## Das Neue Testament auf Papyrus

### I. Die Katholischen Briefe

In Verbindung mit K. Junack bearbeitet von W. Grunewald.
Mit einem Vorwort von Kurt Aland

Groß-Oktav. XI, 171 Seiten. 1986. Ganzleinen DM 158,– (Band 6)

## Das Neue Testament in syrischer Überlieferung

### I. Die Großen Katholischen Briefe

In Verbindung mit A. Juckel herausgegeben und untersucht von Barbara Aland

Quart. X, 311 Seiten. 1986. Ganzleinen DM 240,– (Band 7)

## Liste der koptischen Handschriften des Neuen Testaments

### I. Die sahidischen Handschriften der Evangelien, 1. Teil

Bearbeitet von Franz-Jürgen Schmitz und Gerd Mink.
Mit einem Vorwort von Barbara Aland

Groß-Oktav. XXIII, 471 Seiten. 1986. Ganzleinen DM 148,– (Band 8)

Preisänderungen vorbehalten

Walter de Gruyter  Berlin · New York